朝日新書
Asahi Shinsho 731

AI兵器と未来社会

キラーロボットの正体

栗原　聡

朝日新聞出版

はじめに

科学技術は我々の生活を豊かにするための道具であり、18世紀後半にイギリスで起こった産業革命に始まり、現在まで劇的に進化してきた。

そして、新しい技術が登場したその時々において、新技術に対する過度な期待と、マイナスの影響についてのネガティブな議論が入り交じりつつ、気がつくとその技術が社会に広く浸透し、皆が当たり前のようにその技術の恩恵を受けるようになる一連の流れが繰り返し起こってきた。

現在において最も注目される新技術である「人工知能」においては、どちらかというと期待よりもマイナスの影響についての議論が目立つ。本当に人工知能は人類にとって危険な技術なのであろうか？　これまでも、社会はインターネット、IT、ビッグデータ、IoTなど、新鮮味のあるカタカナで盛り上がっては沈静化する波を経験してきた。しかし、現在の人工知能の波は、これまでの波よりも大きく動きも活発でありながら、その全体像がはっきりせず、混乱を巻き起こしているようにも思えるものの、未だ沈静化するようには見えない。

なぜなのか？　それは人工知能技術がこれまでのさまざまな技術革新の中でも、その秘めたる能力において一線を画するものであることは間違いないものの、いよいよ我々人の情報処理能力が、科学技術で急激に変革する社会に追いつけなくなったことによる混乱こそが最大の要因であろう。人工知能や、これから登場するであろう、画期的な通信基盤である5G、また量子コンピュータや脳型コンピュータなどが、そもそもどのような技術であり、何ができて、どのような具体的な恩恵を得られるのかを把握できている人は、これらの技術開発に携わる人々だけといってもよいのかもしれない。

さらに悩ましいのが、理解している人だけでなく、理解できていない人々も自由に情報発信し、たかだか1人の情報発信であっても、ソーシャル・ネットワーキング・サービス（SNS）を通したネットワークにより、多くの人々に瞬時に情報が伝搬され、結果的に世論を動かすほどの威力を発揮してしまう可能性が生じることだ。それが噂や間違った認識に基づく書き込みであってもである。

現在の社会は、何が真実であるかを落ち着いて検証する時間も余裕もない。このような状況では漠然とした不安しか感じられなくなり、同じような意見を持つ人といっしょにいることに安心感を覚える。しかし、この動きが多様性を失わせることにもなる。人も生物であり生命体である。生命体が地球上で生き続けるためには、多様性は極めて重要な要素であるにもかかわらず。

本書は人工知能の単なる技術解説書ではない。また単に警鐘を鳴らすための書籍でもない。現在の最新の技術である人工知能がどのような技術であり、何ができて、何ができないのか、そして現状を踏まえて、今後どのように発展していくのであろうかを理解していただくことが目的である。

そして、実体が分かることで、本書のテーマである「人工知能は人を殺すのか？」という疑問についても冷静に、自分の考えとして答えることができるはずだ。現在も人工知能搭載兵器開発に対する国際的な議論が盛り上がっているが、実体を理解せず、憶測のみでの意見も散見される。このような状況で何かしらの法制度が整備されてしまうようなことがあってはならない。

そこで、本書の前半は、人工知能とは何かに迫り、人工知能がどのような技術であるか解説し、現在までの状況と、今後の展開について考察する。読み進めて、人工知能についいて地に足を着けて議論できる準備が整った段階で、後半では、国際的な関心が強い人工知能搭載兵器開発を中心に取り上げる。また、これからのあるべき教育や、ビジネスにおける人工知能とのかかわり方についても言及する。

これらを述べることで、人は人工知能という新しい技術とどのようにかかわればよいのか、そして人工知能の実体が分かれば、我々はどのように行動すれば人工知能とうまく付き合えるのかについて、あれこれ考えることができるだろう。

本書を読み進めると、そもそも知能とは何なのか？　人とは何なのか？　という疑問も湧いてくると思う。そして、蟻や鳥など、生命に対する見方も変わると思う。この書籍が少しでも読者諸兄の、人工知能や人・生命に対する見方に変化を与えることができれば大成功である。可能な限り多岐にわたる話題を取り入れたつもりである。是非とも最後までお読みいただきたい。

AI兵器と未来社会　キラーロボットの正体

目次

第5章　キラーロボット研究開発の現状　127

図版／枝常暢子、朝日新聞社

序章

人工知能の「今」

人工知能ブーム

Artificial Intelligence（人工知能）という単語が生まれたのは1956年で、60年以上も前である。それからさらに遡ること10年、1946年に最初のコンピュータである「ENIAC（エニアック）」が誕生し、人のような知的活動ができる機械を作る研究が開始された。1950年には数学者のアラン・チューリングが、機械は知能を持つかどうかをテストする方法として「チューリングテスト」を発表した。このような科学技術の変化を背景として、フィクションの分野では、同じく1950年に作家のアイザック・アシモフが自身の小説で「ロボットは人を傷つけてはならない。傷つくのを見過ごしてはならない。第一原則に反しない限り人の命令に従わなければならない」で有名な「ロボット3原則」を発表した。日本の動きとしては、1956年に手塚治虫の『鉄腕アトム』が出版されている。

そして、同年、米国のダートマス大学に在籍していたジョン・マッカーシーが十数人の研究者に呼びかけ、人のような高い知能を持つ機械を実現することを目指した通称「ダートマス会議」において、人工知能という言葉が彼らの研究分野の名称として初めて登場したとされる。仔細は省くが、この研究会の目的は、各研究者からの研究発表であり、自分達の研究分野の名称を決めることは目的ではなかった。しかし、その研究会でのジョン・マッカーシーからの発表において、人工知能という名称にしたらどうか、という提案があったのだ。その場ではいろいろ議論が展開されたと思われるが、全員がこの名称に賛同したわけでもなく、マッカーシーと並んで人工知能研究を立ち上げたコンピュータ科学者のマーヴィン・ミンスキーなどはこの名称に賛同しなかったと伝えられている。筆者もミンスキーと同じ意見を持っているが、その理由は後述する。

いずれにせよ、人のような知能を持つ機械を作るためのさまざまな理論や技術が、これまで多くの研究者により生み出され、厚さ10㎝を超える事典が出版されるほどである。数学や天文学といった紀元前から存在する学問に比べれば、極めて歴史が浅いかもしれないが、コンピュータ開発の歴史と歩調を合わせてきた研究分野なのである。そもそもコンピュータ自体の開発の目的が、人間と同レベルの計算ができる機械を作ることなのだから、当然といえば当然であろう。微細な解説は専門書にお願いすることにして、ここでは割愛するが、世の中にさまざまな流行やブームがあるように、2010年前後から現在も続いている人工知能ブームは、実は3回目の第三次ブームであり、過去2回は残念ながら長続きせず終わり、いわゆる「人工知能冬の時代」を迎えることとなってしまった。

第一次ブームはまさにダートマス会議が開催された1950～60年代であり、人工知能分野が産声を上げ活気づいた時代であった。新技術として、単なる「計算」ではなく、推論、パズル、迷路などを題材に人ならではの知的能力である「探索」がブームの中心となった。当時の新聞に「人を超えるような人工知能が開発される」とか「人工知能に人が支配される」といった、人工知能の脅威や懸念を示す見出しが掲げられた。現在の第三次人工知能ブームと全く同じだったのである。

しかし、現在と1950年代では状況が全く異なる。当時と現在でのコンピュータの性能の違いは天と地ほどにあり、ビッグデータやクラウドはもちろん、そもそもインターネットすらなかった時代である。当時扱えた問題はいわゆるトイプロブレム（おもちゃレベルの簡単な問題）にとどまり、実用にはほど遠かった。例えば、幼稚園児でもできる積み木問題を想像して欲しい。4つの積み木が床に置かれており、1つの積み木の上にもう1つの積み木を載せ、4つの積み木をビルのような形にする簡単な問題であっても、当時の人工知能を搭載した2本の腕を持つロボットはかなりの時間を要した。この頃、理論的な側面では研究が進んだものの、実際に動かすには時代が早すぎた。

だが、第一次人工知能ブームは終わってしまったが、その何十年か後に開花することになる、さまざまな重要かつ画期的な研究が行われたことは事実であり、現在も継続される第三次人工知能ブームの主役であるディープラーニング（深層学習）の土台となるニューラルネットワークという技術も1950年代に考案されたものである。ニューラルネットワークについての詳細は後述するが、簡単に言うと人間の脳の構造にヒントを得た機械学習法の仲間である。ブームは終焉したのではなく、その結果が出るまでに50年かかったのだと言えよう。

第二次ブーム

第二次ブームは1980年代に起こる。この頃はコンピュータも普及しており、ブームの中心は、専門的な知識をコンピュータに教え込み、その分野の専門家（エキスパート）でないと解けない難題をコンピュータで解決するシステムである「エキスパートシステム」であった。これは主に医療診断システムなどに用いられ、一定の成果は発揮できたものの、結果的にブームを終焉に向かわせる壁に突き当たることになる。その壁とは教え込む知識の「量」だった。コンピュータに専門知識を教え込む場合、専門知識自体は限定された量であるが、実際はそれだけでは足りない。研究の結果、「常識」とか「暗黙知」など呼ばれる、専門以外の知識も教え込む必要があることが分かったのだ。簡単に言えば、「そんなこと当たり前でしょ」という類いの知識である。例えば、コップが机の上に置いてある場合、我々はそんなのは当たり前だと思って気にならないが、これを厳密に説明するのはなかなか難しい。地球の引力により、コップが地球に引き寄せられるものの、コップは机を突き抜けることはできないことから、机の上に置かれる位置関係で安定している。机も引力で地球に引き寄せられているが、家があることで云々――。というように、厳密に記述し始めるときりがなくなってしまう。

また、いろいろ知識を詰め込んだとしても、現実の世界は計算通りには事が進まない。ある法則を教え込んだとしても、必ず例外が存在するし、現実には矛盾するような状況への対応も要求される。結果的に、当時のコンピュータでは対応できない大量の知識が必要になってしまって実用には至らず、初回と同じく冬の時代に向かうこととなってしまった。初回のブームと同じく、やはり早すぎたのである。

そして現在、三度目のブームを迎えている。今回は過去2回とはどうも様子が異なる。ブームの兆しが見え始めたのは２０００年前後だ。ここから徐々に広がっていったとすると、もうすぐ20年となるが、ブームは鎮火するどころか継続しており、人工知能の社会への浸透が、着実に進んでいる。現在のブームは、これまでのような新技術の誕生が契機となったのではなく、新技術が実際に有用な技術として利用可能になったことが契機となったのである。

ブームの主役はディープラーニングである。これは前述したように、1950年代に考案されたニューラルネットワークの技術を土台にはしているが、実質的には1980年代以降に提案された新技術であり、人工知能分野における機械学習法という仲間に属している。機械学習とは文字通り、人間が持つ学習能力を機械（コンピュータ）で実現する技術の総称であり、人工知能における中核的な技術だ。長い研究の歴史があり、これまで実に多くの技術が提案されており、具体的に実用されているものも多い。学習の仕方は大きく2つの方法に区分される。教師あり型と教師なし型である。我々も何かを学ぶ時、教師に教えてもらう方法と、自らいろいろ試してやり方を身につける方法がある。前者が教師あり学習で後者が教師なし学習に相当する。これは第2章で述べる。

第三次ブーム

数ある機械学習技術の中で、ディープラーニングが注目された理由はその性能の高さにある。２０１１年に開催された、音声認識研究の国際会議で、音声認識の性能（認識率）の高さを競う競技が行われた。それまでの主流であった統計モデルによる手法が性能の上位を独占してきた中で、初めてニューラルネットワーク型の音声認識プログラムが参戦し、2位に大きな差をつけて優勝してしまったのである。この時のニューラルネットワーク型の手法こそディープラーニングであり、初めて著名な舞台に登場した時だったのである。

しかし、ディープラーニングの主たる技術が出そろったのは、２０００年前後と10年ほど前なのである。つまり、これまでの2回の人工知能ブームのパターンに従うならば、２０００年くらいにディープラーニングが大きな注目を浴びていたはずだ。

なぜその時にそれほど盛り上がらなかったのであろうか。筆者の憶測であるが、このディープラーニングの基本骨格自体はニューラルネットワークという、第一次ブームで下火となった古い技術と見ることもできる。当時ミンスキーらによって手法としての限界が指摘されたものなのである。一度魅力を失った技術に対しては、その後いろいろな技術革新があったとしても、再び注目を集めるのは難しかったのかもしれない。

本来はあってはならないと思うのだが、可能性の限界が指摘されると、そのような基礎的な研究への研究費の配分が減額されてしまうこともある。多くの研究者がニューラルネットワーク研究から手を引いてしまったことも研究の進展を遅らせ、技術としての魅力を失わせてしまったのだと考えられる。加えて、ディープラーニングとして再び注目を集めるまでの間、人工知能研究においては統計や確率、そして記号処理に基づく技術が主役であり、これらが社会実装（研究成果を社会問題解決のために応用すること）されるに至っていたことも要因であろう。天気予報やマーケティング、そして経済や金融の現場において、統計を用いた手法は今や確固たる地位を築き大活躍している。これが、次の波であるディープラーニングによる手法に置き換えられようとしているのだ。

さらに、2000年くらいにディープラーニングのブームが起こらなかった理由がもう1つ考えられる。ディープラーニングは自動車に例えるならば燃費が悪いのである。レーシングカーなど、ハイパワーを発揮するためには、それだけ多くのエネルギーを必要とする。ディープラーニングはその高い性能を発揮させるために、従来の機械学習法に比べて、多くの学習用データを必要とする。そして多くのデータを処理する必要があることは、それだけ高速なコンピュータが必要になるということだ。2000年から2019年までと、たかだか19年ではあるが、その間のコンピュータ技術や情報通信技術の進化は凄まじい。2000年はまだビッグデータを利用できる環境は整っていなかった。

また、ディープラーニングではGPUと呼ばれる専用チップが処理時間を大きく左右するが、当時は存在していなかった。

つまり、現在の人工知能ブームは、新技術の登場による研究サイドから起こったのではなく、潜在的に高い性能を持つディープラーニングの性能を実際に発揮できる環境が整い、実際に活用できる段階に至ったことが契機となっているのだ。今回のブームが大学や研究機関ではなく、民間企業やAIスタートアップで盛り上がっているのはそれが原因であり、過去2回のブームとは構造が異なる。

ディープラーニングとは何か

ディープラーニングは、日本語では深層学習と呼ばれる。全国紙レベルで話題となったのが、囲碁においてプロ棋士を打ち破った「AlphaGo」や、Googleが、人に教わることなく人や猫の顔の特徴を自動的に学習してしまう人工知能を開発したといった記事だろう。画像認識の能力においては、すでに人間よりもディープラーニングの方が性能が高い。

ディープラーニングは、前述したニューラルネットワークという、我々の脳の構造にヒ

図1　脳神経細胞

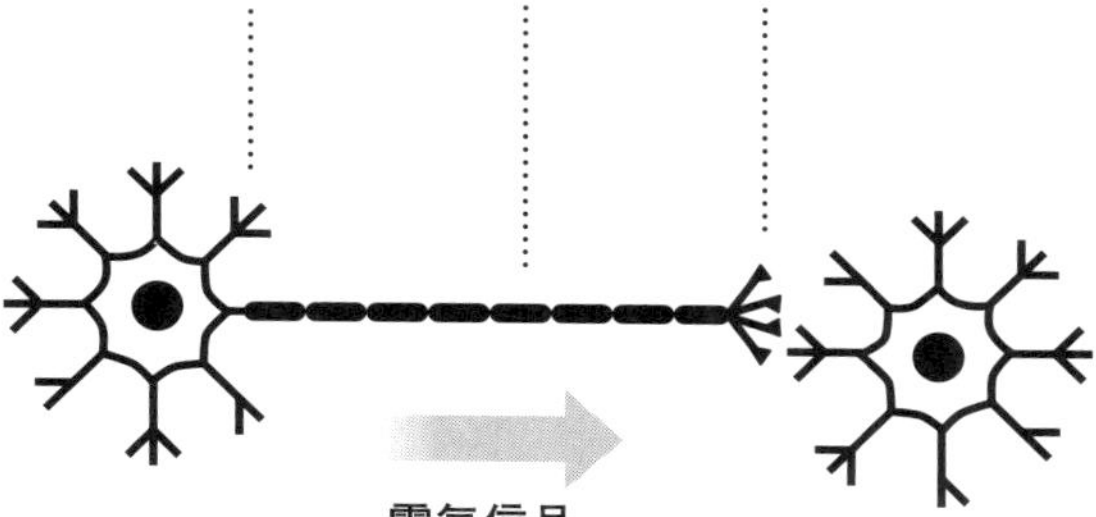

ントを得た機械学習法の仲間である。個人差はあるが、ヒトの脳はおよそ1・5リットルの大きさで、およそ1500億個もの脳神経細胞でできている。

そして、図1に示すように、それぞれの脳神経細胞（ニューロン）は軸索と樹状突起という2種類の通信線のようなもので、他の脳神経細胞同士ネットワークを形成し、ある脳神経細胞で発生させた電気信号を軸索経由で他の脳神経細胞に伝達する仕組みを持つ。簡単に言えば電気回路のようなものである。それもとんでもなく大規模で複雑な回路である。1500億個という膨大な数の脳神経細胞の2種類の通信線を一本にすると、総延長はなんと100万kmにもなる。地球25周分である。それだけの長い線が一人一人の脳に入っているというのは驚きであろう。

この脳の構造を模したのがニューラルネットワーク

図2　ディープラーニング

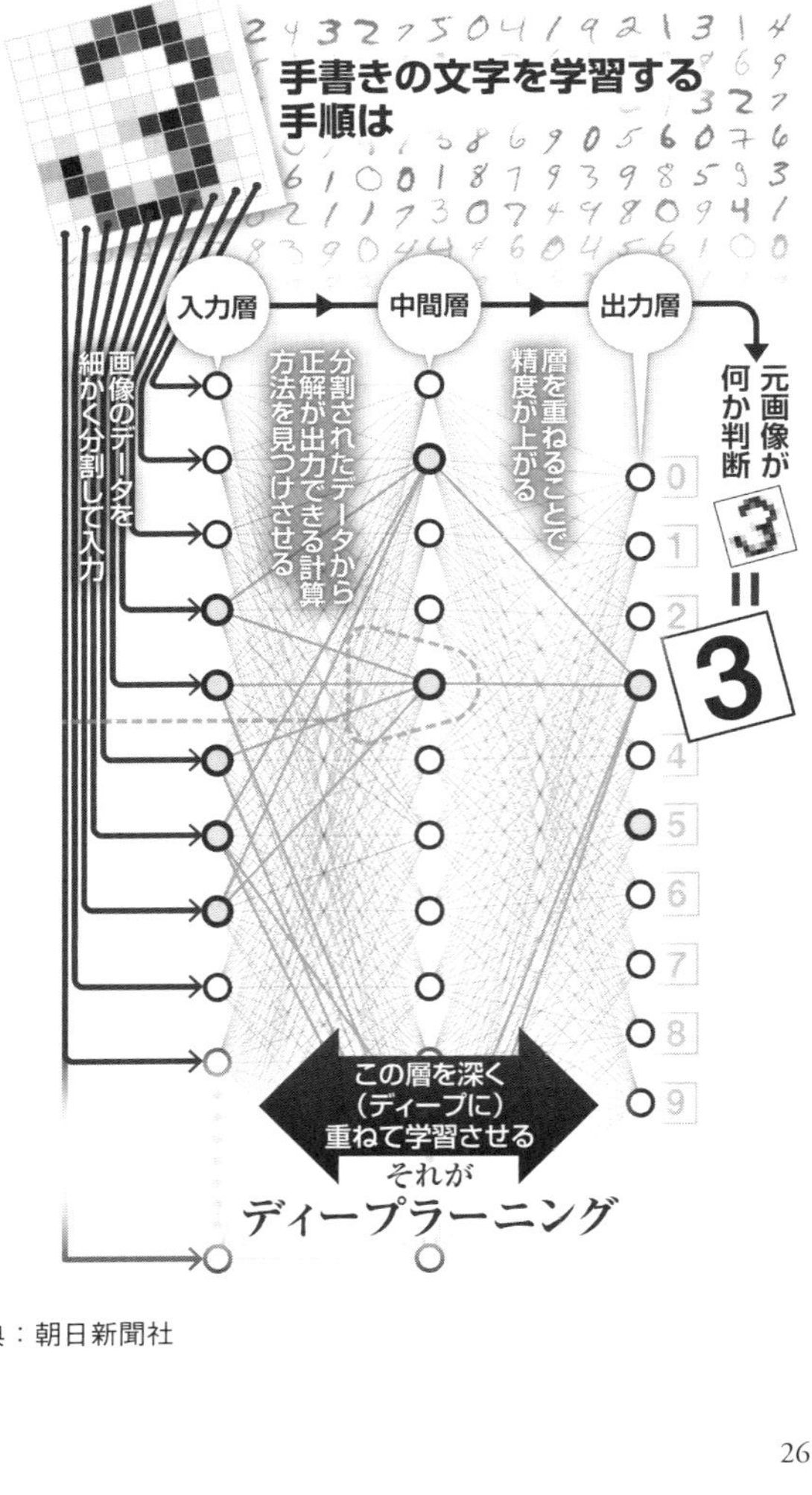

出典：朝日新聞社

図3　ニューラルネットワーク

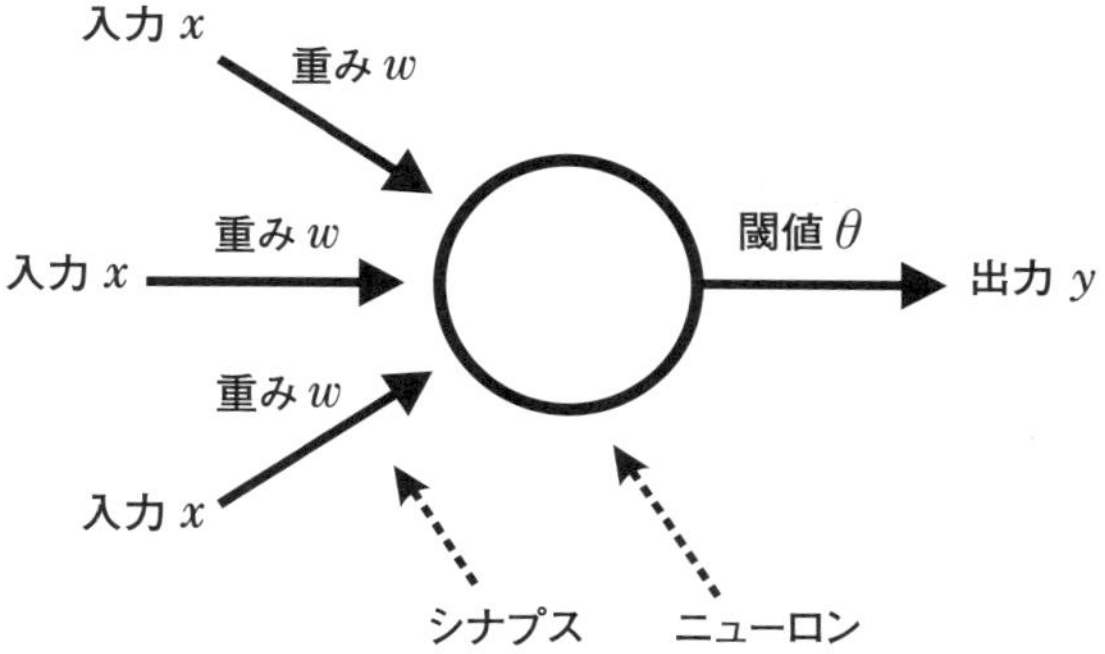

であリディープラーニングである。ただし、脳のような複雑な構造ではなく、図2に示すような階層構造となっている。一つ一つの丸で示されているのは脳神経細胞を模したニューロンであり、電気信号の替わりに数値が伝搬する。左側からデータを入力すると、ニューロンに数値が伝言ゲームのように伝搬され、右側から結果が出るという仕組みである。

ただし、各ニューロンは単に数値を伝搬させるのではなく、自分に入力される数値の大きさに応じて、ある程度大きな数値が入力された時のみ接続された次のニューロンへ伝搬するといった性質を持つ。そして、ニューロン同士を接続するネットワークにも太さがあり、伝搬させる大きさを変化させることができる。この伝搬させる大きさを適切に調整することで、ニューラルネットワークを適切に稼働させることができる。この伝搬させる適切な大きさを決めることが、ニューラルネットワークにおける学習であり、伝搬させる大きさのことを「重み」と言う(図3)。

言い換えると、ニューラルネットワークが適切な重みを獲得することが、ニューラルネットワークにおける学習なのである。ディープラーニングも基本的な仕組みは同じである。例えば、学習用の猫の写真を大量に入力すると、学習によって猫の顔の特徴がネットワークの「重み」として獲得される。すると、入力画像が猫であれば、その画像から抽出される特徴と、学習によって獲得された特徴が一致することから、これは猫であると識別される。入力画像が犬だとその画像から抽出される特徴は無論、猫の特徴とは異なることから、猫でないと認識される。

深層生成

ディープラーニングが凄いのは、画像からその特徴を抽出する能力が極めて高いことにある。そして、この特性を応用するとさらに面白いことが可能になる。

例えば、猫の顔の特徴を学習したニューラルネットワークがあるとする。入力側から猫の顔の画像を入力すると、出力側からは猫の顔の特徴が出力される。さて、このネットワークの出力側から猫の特徴を入力したらどうなるだろうか？　察しのよい読者はひらめかれたと思うが、入力側からは、このニューラルネットワークが「想像した」猫の画像が出力されることになる。特徴から画像を生成するこの技術は深層生成と呼ばれ、ちょうど我々が頭の中で猫を想像して、そのイメージを可視化するようなものである。深層生成技術では次のようなことも可能である。赤い風船の画像から赤い風船の特徴を、そして青空の画像から青空の特徴を学習する。すると、両方の特徴を組み合わせることで、青空に赤い風船が飛んでいるような画像を生成することも可能になる。しかも、深層生成技術自体のレベルも格段に向上し、その画像が、本当に青空に赤い風船が飛んでいる写真なのか、それとも深層生成技術により生成された画像なのか、もはや人が判断できないほどのリアリティのあるレベルとなっている。

しかし、だからといって、人工知能が人間を支配する、という感覚を持たれる読者は少ないだろう。たしかに人工知能は、画像認識能力や大量のデータからの特徴抽出能力など、人の能力を超えるレベルに到達し始めているが、それは、電卓が人よりはるかに高い計算能力を持つということと、どこが違うのであろうか？

科学技術は我々の身体能力を拡張させることがそもそもの主目的である。遠くの音を聞く能力が通信技術であり、早く移動する能力を持つ機械が自転車や車である。そして正確に早く計算する能力を持つ卓上計算機が電卓だ。ディープラーニングが持つ高い画像認識能力や、統計処理技術が持つ大量のデータを分析する能力も我々の能力を拡張するための技術であり、電卓の延長線にある技術といった方が相応しい。

これら個々の要素技術は我々が使う道具であり、電卓は人が操作してないのに勝手に計算を始めることもないし、ディープラーニングにおいても、我々が学習させるためのデータを用意し、学習させ、我々がそれを運用してはじめて機能する。ディープラーニングが自らの意思で学習する対象を決め、自分でデータを集め学習するようなことはできるわけがない。

そう考えると、現在、人工知能と呼ぶさまざまな技術は、人工知能と呼ぶよりも、知的情報処理技術、もしくは高度情報処理技術と呼んだ方がその実体に合致していると言える。となると、本来の人工知能技術とは何なのであろうか？　知的情報処理技術と本来の人工知能はどこが異なるのか？　さらに言うと、知的情報処理技術が本来の人工知能になるには、何が必要なのであろうか？　現在の知的情報処理技術としての人工知能を今後さらに発展させ、本来の人工知能に進化させる必要はあるのだろうか？　このような疑問を突き詰めていくと、「知能とは何か?」という根源的な問いに到達する。

正しく理解するには

本書の目的は、今後さらに高性能化、高度化する人工知能が我々にどのような影響を与え、我々としてどのように人工知能と向き合うのか、そして、特にそのような人工知能が軍事の文脈で利用されることの可能性について論じることである。しかし、そのためには、人工的に知能を実現するための技術としての人工知能を正しく理解する必要がある。そこで、これらは後半で述べることにして、前半では「人工的に知能を作る」とはどういうことなのかについて議論を展開させる。

「正しく理解する」と書いたが、本書では、長年人工知能研究に携わり、広く研究を俯瞰し、多くの人工知能研究者との議論を経てきた筆者の見解を述べている。読者諸兄が、筆者の人工知能に対する捉え方について、ある程度の共通認識を持つことで、後半での主張が分かりやすくなるかと思う。次章では、まず「知能とは何か」について考えてみよう。

第1章
知能とは何か

ロボット掃除機

国内著名人工知能研究者13名が『人工知能とは』(近代科学社)で、それぞれの持論を展開されている。筆者もそのうちの1章を担当させていただいているが、「知能とは何か?」に対する共通見解とは「生き抜くために環境に適応する能力」である。計算や文章を理解できる能力とか、認識できる能力ではなく、「生物が等しく持つ必須な能力」というイメージである。では、生物が等しく持つ必須な能力とは具体的にはどのような能力なのであろうか? ここでロボット掃除機を手掛かりにして考えてみたい。

ロボット掃除機とは、40㎝くらいの円形の自走式掃除機で、人が操作しなくても決められた時間になると勝手に掃除をしてバッテリ残量が少なくなると自ら充電ステーションに帰って充電する、今や多くの種類が販売されている家電である。部屋をランダムに動き回るタイプもあれば、部屋のレイアウトを記憶し効率的に掃除したり、掃除が終わらない状態でバッテリ残量が少なくなると、一端充電ステーションに戻って充電し、残りの掃除をする高機能型タイプなど、その動きは知的に見える。人工知能搭載家電の代表とも言えるロボット掃除機であるが、掃除という用途が限定された人工知能であるため、「用途限定型人工知能」と呼ばれる。高機能エアコンも炊飯器も、それぞれ空調と炊飯という、用途が限定された用途限定型人工知能が搭載された家電である。

それぞれ、ユーザーはボタンを押すだけであるが、エアコンは快適な湿度を維持しつつ、部屋のどこに人がいるかに応じた、きめ細かい温度調節と風量・風向調節を行うなどの高機能性を持つ。炊飯器は、苦労に苦労をかけておいしく炊くための加熱の仕方を探求した結果、絶妙な炊き具合になる。研究開発者は、さまざまな加熱の仕方や水の量などを変えつつ何度も炊いては試食し、膨大な時間をかけて絶妙な炊き方を見つける作業を行っているのである。エアコンも炊飯器も、内部では複雑な制御が行われている。

ただし、極めて賢く動作するエアコンのような家電であっても、その動作は設計書に従って決められている。一見、その動作は複雑で知的には見えるが、ボタンを押すとライトが光る電灯や、3段階の風量設定があるごく一般的な扇風機などと、基本的な構造は同じである。これはロボット掃除機においても同様だ。

しかし、例えば、ロボット掃除機に、落ちているモノを拾い上げることができるロボットアームや遠隔操作する機能、そしてカメラを搭載しての見守り機能など、より多くの機能が搭載され始めると、もはや用途が限定された家電とは言えなくなる（図4）。

図４　用途限定型家電か汎用型家電か

用途限定型の家電

多機能型のロボットを開発すれば、汎用型家電と呼べるのか？

自動運転車もプログラムされた通りに動作する
自らの意志に基づく能動的動作はしない⇒ 超高機能化された電卓と同じ

用途限定の反意語は「汎用」であるので、このロボット搭載型家電には汎用性があるということになる。では、このような多機能な家電を動かすにはどのような人工知能を搭載する必要があるのだろうか？　各機能の用途限定型人工知能を構築することは可能なのだから、ロボットに搭載される機能が50種類であれば、50種類の用途限定型人工知能のすべてを搭載すればよいのであろうか？

答えはノーだ。複数の用途限定型人工知能を搭載するだけではロボットは汎用性を発揮してはくれない。ロボットが多くの機能を搭載すればするほど、ロボットは稼働中にどのタイミングでどれくらいの時間で、どの機能を実行すればよいのかを選択しなければならないという、用途限定型の時にはなかった新たな機能が必要になるからである。

床に小さなほこりが目立つのであれば掃除機能を発動させ、その途中で床に落ちているモノを発見すればピックアップ機能を発動させる。また、掃除中に外にいるユーザーからTV番組録画予約依頼が入れば作業を一時中止して録画予約機能を発動させる、といった具合に。

その際、録画開始時刻が5時間も先であれば、そのまま掃除を済ませてから録画処理をした方が効率はよい場合もあるだろう。

もちろん、搭載される機能がそれほど多くなければ、設計段階で、どのような時にどの機能を実行させるかを制御する行動選択モジュールをしっかり作り込むことは可能であり、汎用型人工知能搭載家電は多くの機能を開発者の意図通りに適切に使い分けることができるだろう。

このような汎用性を持つ多機能型ロボットはすでに我々の身の回りに存在する。例えば、SONYの犬型ロボットAIBOがそうである。搭載するカメラやマイクでモノを認識して行動を変えたりといった、さまざまな振る舞いが用意されている。また学習能力も持っており、ユーザーがAIBOに振る舞いを覚えさせることもでき、それを全ユーザーがアクセスできるクラウドに登録することができる。こうすることで、各ユーザーは他のユーザーが覚えさせたさまざまなＡＩＢＯの振る舞いを利用することが可能になる。ＡＩＢＯの動作はますます多彩になる。しかし、それでも人が設定した動作を淡々と実行するということでは、用途限定型のエアコンと同じである。

こうした、多様な機能を持ち汎用性のあるものの、設計段階でその振る舞いが決められたロボットに搭載される人工知能を低汎用型人工知能と呼ぶことにしよう。この場合、なぜ「低」なのであろうか？　以下、考察する。

人や犬や猫、蟻に至る生き物においては、すべての行動に何らかの意味があり、習慣的なものも多い。昆虫などは低汎用型人工知能に近く、生まれつき持っている行動ルールに従った動作をする生き物と見て問題がないと思われるが、人や犬などのより進化した生物は学習することでより効率的に行動することができる。そして、学習能力を持たない昆虫であっても、すべての生物は進化という方法で、時間をかけて、より環境に適応しようとする素晴らしい能力を持っている。

さりとて、学習することとは自分の行動ルールをより適切なルールに更新することなので、脳内の行動ルールに従っているという意味では、低汎用型人工知能と同じことになる。

しかし、はたしてそうなのか？　我々は脳内に蓄積された行動ルールを淡々と実行するだけの生き物なのであろうか？

答えはノーだ。明らかに大きな違いがあるではないか。生物と低汎用型人工知能搭載ロボットでの決定的な違い、前者にあって後者にはないもの、それは「生きる目的を持っていること」と「その目的を達成させようとする自律性、能動性」である。

生物は常に「○○の状況では△△のように対応する」というルールに基づいて行動しているわけではない。成長しどんなに経験を積んで学習しても、初めての状況にしばしば直面する。それだけ我々の生きる地球環境、とりわけ人にとっての社会は複雑なのだ。

しかし、脳内の行動マニュアルでは乗り切れないような状況に置かれても、生物はなんとかこれを切り抜けようと悪戦苦闘する。人であればいろいろ試したり、工夫したり、時には調べたり他人の真似をしたりと、過去に学習した記憶のみに頼るわけではない。

もちろん、失敗することはあるが、失敗から学び新しいルールとして身につけるなど、持っている知識や経験を総動員して打開策を考えるのが生物である。では、なぜ悪戦苦闘するのか？　答えは、生きるためだ。大袈裟な言い回しであるが、人も同じである。ただし、普段、我々は「生きるために」という意気込みで食べたり、勉強したりはしていない。

生きるためには健康状態を維持することが必要であり、それは適度なストレス状態を維持することでもあり、交感神経と副交感神経が常に適度なバランスとなるようにすることが日常生活での目的となる。空腹になればストレスのバランスが崩れ、それを元に戻す、即ち空腹状態を元に戻すために食べるのである。宿題をするのも、忘れると明日先生に怒られるという心配からストレスのバランスが崩れ、それを元に戻すために宿題をするのである。もちろん、勉強は自分のためにするものであるが、より詳しくみれば、勉強するための人それぞれの何らかの目的があり、それを達成しないといけない焦りや、目的を達成した時の満足感を得てより好ましい状態に至りたいと我々は感じる。これがストレスのバランスを崩すため、勉強するのである。

単にある行動ルールが実行可能になったので実行した、というわけではなく、個々の行動にはなぜそのように実行したかの理由があるのだ。

理由がある、とはどういうことだろうか。それは、その行動に達成すべき目的があるということだ。そして、目的を達成するために自らが能動的に行動することこそ自律性である。だからこそ、蓄積されたルールでは対応できない状況に遭遇しても、我々はなんとか打開しようと頑張るのだ。これが生物にあって低汎用型人工知能搭載ロボットにはない決定的な違いなのである。

つまり、生物が、生き抜くことが容易ではない環境に適用しようとすることこそが「知能」なのである。よって、蟻にも知能がある。蟻は、集団で行動することで列を作って餌を効率的に巣穴に運ぶ仕組みを進化で身につけ、厳しい状況でもしぶとく生き残る素晴らしい知能を持っているのだ。これについては第3章で述べる。

低汎用型人工知能とは?

一方、低汎用型人工知能はそれなりの汎用性があるとしても、ルールに基づく行動を実行するだけであり、搭載される機能を駆使して自ら目的達成する仕掛けについては、まだ研究段階であり、加えて、現在の人工知能は、過去の経験同士を組み合わせたり、ある経験から得た複数の知見を他の事象に組み合わせて応用するといったこともまだ得意ではない。

つまり、ルールに基づく行動を前提とする人工知能は、設計段階で想定されていない状況に対応することができない。想定通りの汎用性しか発揮できないのだ。これが、このレベルの汎用性しか持たない人工知能を、低汎用型人工知能と表現する理由である。

我々の日常生活は複雑かつ予想できないことだらけだ。例えば、病院での治療を必要とする乳幼児の怪我や事故の多くが、実は家庭内で起きるというデータがある。家庭内という、親の目の行き届く安全だと思われる環境においても、想定外のことが起きるのが現実だ。

となれば、日常生活で我々と共生するような人工知能を作ろうとしても、開発者において、その人工知能が遭遇するだろうすべての状況に対応した行動制御モジュールを設計することは至難の業だ。

しかし、我々と同じように、あらかじめ想定していなかった新たな状況に遭遇した時でも、人工知能が目的を持ち、目的を達成するために自分の持つ複数の機能を組み合わせることや、その順番やタイミングをいろいろ変えたり、あるルールにおいて実行されるように設定された機能を、そのルール以外の目的で使用したり、全く新しい行動ルールを生成したりすることで、その状況を打破できるかもしれない。生物は生きることが目的であるが、人工知能は我々が目的を与えることになる。

真の意味での汎用性を持つ人工知能を作るには、その人工知能には、搭載される能力を駆使して、与えられた目的を達成・維持するために適切な行動を能動的に生み出す能力を持たせることが必要なのである。

これに対し、用途限定型や低汎用型の人工知能は、人工知能側ではなく、設計者側がその人工知能の目的を持ち、目的を達成するための行動ルールのみを、人工知能に持たせているると見ることができる。では、自律性を持つ汎用型人工知能に対してはどのような目的を与えればよいのであろうか?

「床掃除をせよ」といった、具体的な目的では用途限定型の人工知能と同じである。そこで、「家を綺麗にせよ」といった抽象的な目的を与えるのだ。家を綺麗にすると言っても、床掃除なのか、窓拭きなのか、水回りの掃除なのか、床にワックスをかけるのか、など、具体的なタスクが複数存在する。そして、一連のタスクを順番に実行すればよい、というわけにもいかない。例えば、もうすぐ来客があるというタイミングで、水回りの掃除やワックスをかけ始められても困ってしまう。状況に応じて適切にタスクを選択できる必要がある。このような抽象的な目的のことは「メタ目的」と呼ばれる。そこで、メタ目的を達成させるための高い汎用性と自律性を持つ人工知能を、高汎用型人工知能と呼ぶことにしよう。

ちなみに、状況に応じて適切かつ効率的に対応できることは、生物ならではの能力であると述べてきたが、もちろん、その能力には幅がある。例えば、いわゆる、状況を瞬時に察知し、場の空気を適切に読むことが得意な人とは、メタ目的を適切に選択できる能力が高い人のことだといえよう。

「強い人工知能」「弱い人工知能」

ここで、次章でのテーマへの繋ぎとして「強い人工知能」「弱い人工知能」という、哲学者ジョン・サールによる用語について紹介しよう。第三次人工知能ブームにおいてよく取り沙汰されるキーワードとして、汎用人工知能以外に、「強い人工知能」と「弱い人工知能」がある。

この二つのキーワードは、アメリカの哲学者ジョン・サールが1980年に発表した「Minds, Brains, and Programs」という論文の中で登場する。

巷でよく耳にするのが、「弱い人工知能＝用途限定型人工知能」で「強い人工知能＝汎用型人工知能」というものである。前者の解釈はその通りであるのだが、後者は条件付きで正しいと筆者は考えている。

サールによれば、高い知能を持つ人工知能は「意識」を持つとされる。

意識とは、いわゆる「自分が現在何をしているのか」や「現在の自分の状況を認識する」といった自分を自覚する脳での働きのことであり、より正確には顕在意識のことである。実は、脳でのすべての働きが顕在意識となるわけではなく、一般的に顕在意識化されるのは氷山の一角とされ、それ以外の脳の働きは潜在意識と呼ばれる。サールによる「強い人工知能が持つ意識」とは顕在意識のことを指していると筆者は考えている。

「知能とは何か？」に並ぶ、いやそれ以上に難解かもしれない問いが「顕在意識とは何か？」である。人工知能は顕在意識を持つことができるのか？　といった問いについては人工知能研究者の間でもいろいろな意見があるが、低汎用型人工知能は自律性を持たない道具型の人工知能の仲間であることから、強い人工知能とは呼べない。

これに対し、筆者は「高汎用型人工知能であれば、あたかも人の顕在意識を持っているように強く感じさせる人工知能の開発が、実現できる可能性がある」と考えている。

次章では「意識とは何か？」について、より具体的には顕在意識と潜在意識について考えてみたい。

第2章

意識とは何か

自由意志

人には自由意志がある。自由意志とは、行動や選択を自発的に意識して、もしくは自覚して決定することである。そして、我々が言う意識とは、顕在意識のことである。

何か飲みたいという気分になり、コップを摑もうとする時、摑みたいと意識し、手を動かそうと意識して動かす。手足を動かしたり、しゃべるために口を動かす動作は、意識的に統制がとれている。そうであるからこそ、自分の意識に反して勝手に歩き出したり、しゃべりだしたりすることはない。脳は体の司令塔、中枢であり、脳における中枢が意識であると、普段我々は漠然とそう思っている。しかし、どうやら現実はそうではないのだ。

驚かれるかもしれないが、意識を持ち自らの意思で生きているはずの我々は、我々の脳にそのように錯覚させられているだけで、我々の行動を管理し決めているのは、顕在意識ではなく、意識化されない「潜在意識」の方なのである。あえて言えば、我々の顕在意識は潜在意識から一部の情報のみをもらう下部組織のようなものだ。

例えば、「車を運転中に急に子どもが飛び出してきたので、慌てて急ブレーキを踏んだ」という状況を想像して欲しい。この場合、——①人が飛び出すのが目に入る。②人が飛び出したことを意識する。③ブレーキを踏まないと危ないという考えがとっさに頭に浮かぶ。④瞬時にブレーキを踏む動作を開始する——が脳での情報処理の流れだと思われるだろう。危ないと意識したので、それを回避するために意識的にブレーキを踏む、と。

しかし、実際はそうではない。次ページの図5に示したように、「危ないからブレーキを踏まなければ！」と意識するほんの少し前、具体的にはおよそ0・3秒から0・5秒前には、すでにブレーキを踏む命令が脳から足の筋肉に発せられているのである。危ないと意識する前に、脳から足の筋肉への指令が出ているのだ。これでは順番が逆だと思うことだろう。

分かりやすい例としては、「悲しいから泣くのか？　泣くから悲しいのか？」がある。映画やTVドラマを見て泣くような時、もちろん、悲しいストーリーだから泣いてしまうと思われるかもしれないが、実際は逆だ。悲しいと意識するちょっと前には涙腺が緩みだしている。楽しいと感じて顔の表情をにこやかにしたり、怒りの気持ちから顔をしかめ面にするのも、楽しさや怒りの感情を意識する時に、顔の表情を変えるべく顔の筋肉が先に動作を開始しているのである。

図5　リベットの実験

無意識の方が先に決めている

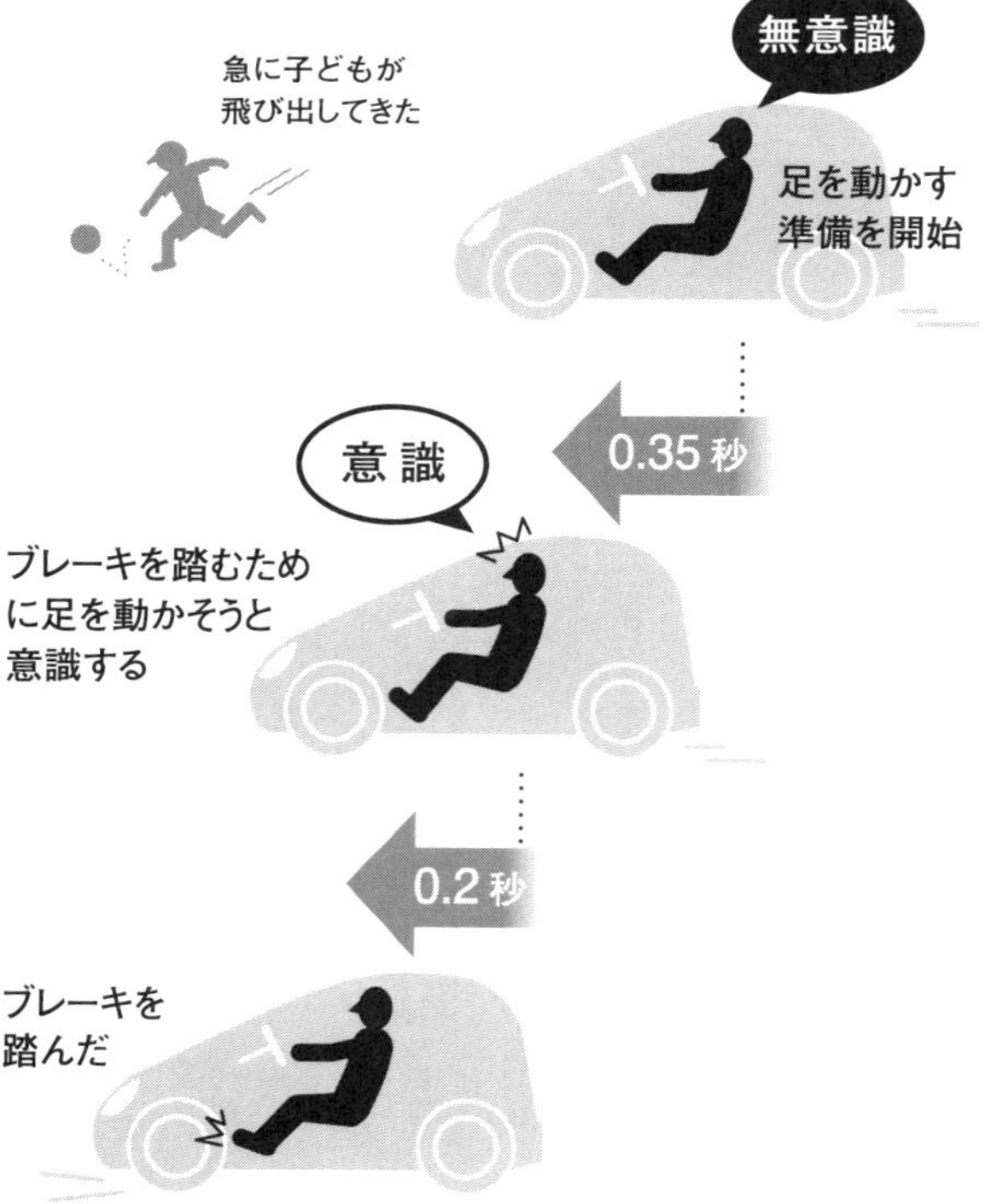

出典：ベンジャミン・リベット『マインド・タイム　脳と意識の時間』（下條信輔〈訳〉、岩波書店）

顕在意識システム

実際に脳でどのように顕在意識が生み出されるのかについては、まだ解明されてはいないが、仮に顕在意識を生み出す部分を「顕在意識システム」と呼ぶことにしよう。すると、ブレーキを踏む例であれば、顕在意識システムは潜在意識から「危ないからブレーキを踏むよ」という連絡を受け取るだけで、顕在意識システムがブレーキを踏むという指令を出してはいないのだ。

にもかかわらず、危ないから足を動かした、というようにあたかも意識的に足を動かしたと顕在意識システムは理解するのだ。なぜ事後報告であるにもかかわらず、自分が指令を出したかのように感じるのだろうか。別の言い方をすれば、なぜそのように顕在意識システムが錯覚するのだろうか。これは、その方が進化において我々が生きる上で結果的に都合がよかったからなのである。

人は社会性生物であり、集団で力を合わせることで生き抜いてきた。仲間同士で協調できることが何より大切であり、そのためにはお互いの行為の理由や意図を理解し合えることが必要であった。そのために言葉が生まれたのであろう。言葉をしゃべるというのは明らかに我々が自覚して行う顕在意識的な行為である。しかし、実際に我々の行動を管理しているのは潜在意識の方なのだ。すると、2人がお互いの意見を言い合う場合、本来はこのような会話になるはずなのだ。

「この映画、自分の潜在意識が悲しいと判断したから、今私は泣いている」

「え、そう？　ボクの潜在意識は面白いと判断したから、楽しい表情をしているんだけど」

どうにもまどろっこしい。潜在意識であろうと顕在意識であろうと、対面している人の外見からは区別することはできないし、そもそも双方の潜在意識同士がコミュニケーションできれば問題ないのであるが、残念ながら、潜在意識は顕在意識に情報を提供することしかできない。

そうであれば、意識システムが行為の司令塔という位置づけにしてしまった方が合理的であり、顕在意識が司令塔であると錯覚するあり方が、結果的に生き残ったのだと考えられる。別の言い方をすると、顕在意識が司令塔であると錯覚するあり方が、錯覚せず潜在意識の支配下に甘んじていると自覚するあり方よりも、有用であることを学習したからなのである。

図6　スキナー箱

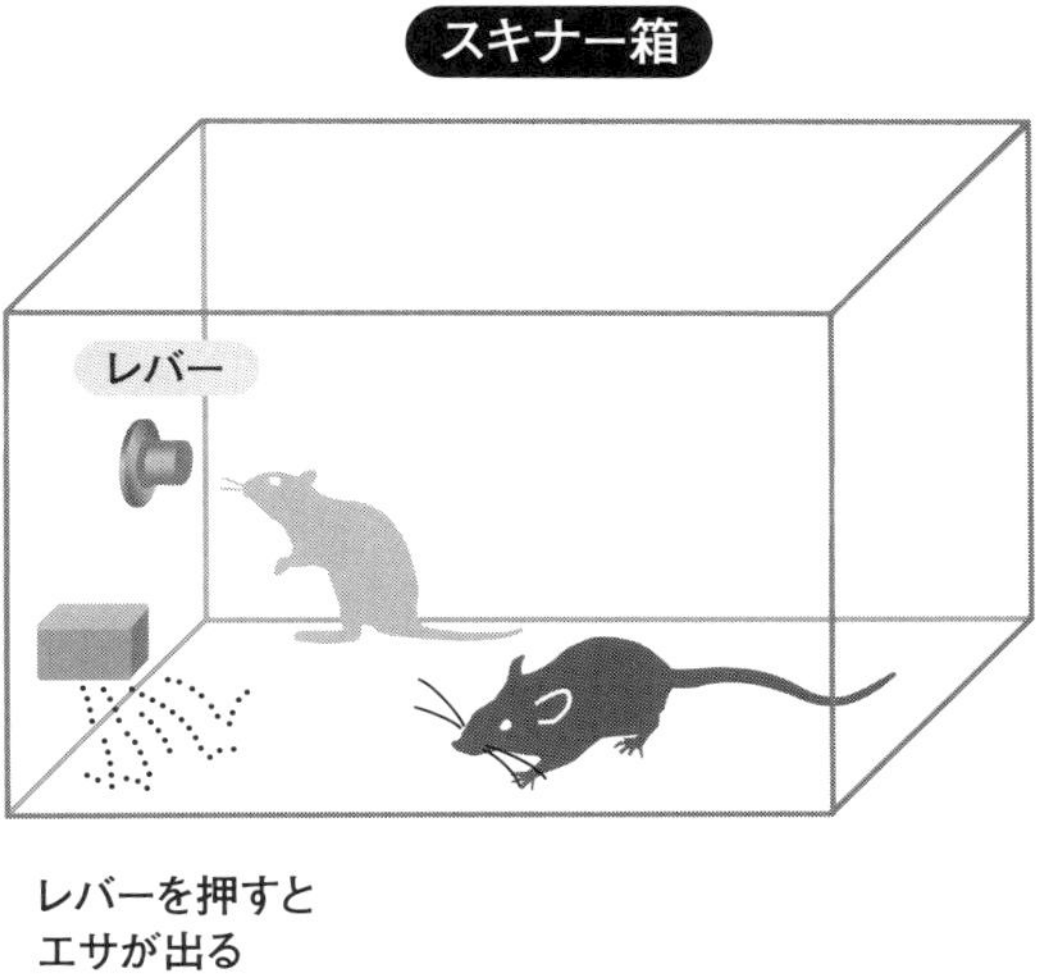

この学習こそ、冒頭で述べた教師なし学習であり、強化学習（次項）なのである。

強化学習

ここで強化学習について簡単に説明しておこう。序章にて人工知能における主要な技術である機械学習には教師ありと教師なしの2つの方式があり、それは我々も同じであることは述べた。

そして、強化学習と呼ばれる機械学習技術は後者の教師なし型の一つである。例を挙げると、ねずみの実験がある（学術的には「オペラント条件付け」と呼ばれる）。図6に示すように、ねずみを飼うためのケージがあり、中にはレバーがあり、それを押すと餌が出てくる仕掛けになっているとする。そこにねずみを入れる。ねずみは適当にケージの中を動き回り、時にはレバーを偶然押すこともあるだろう。すると、餌が出てきてそれを食べる。その後再び適当に動き回るが、レバーを押さないかぎり何も起こらない。そして、再びたまたまレバーを押したら餌が出てきたので食べる。これを続けるうち、ねずみはレバーばかり押すようになる。

つまり、ねずみはレバーを押すと餌が出てくることを、自ら誰にも教わることなく学習したのである。これが典型的な教師なし学習であり、餌のことを報酬と呼ぶ。報酬がもらえる行動が強化されるため、これは強化学習と呼ばれ、報酬は負の場合もある。熱いものを触って火傷をすると、触らないようになる。これも強化学習である。強化学習において強化されるのは、行動を開始して報酬がもらえるまでの一連の行動であり、これはエピソードと呼ばれる。

強化学習はねずみに限った話ではなく、人も親や学校の先生に教えてもらう教師あり学習よりも、ねずみの例のような強化学習で学ぶことの方が圧倒的に多い。ただし、強化学習では報酬遅れの問題が常に存在する。報酬を獲得しようとして、ある行動を開始したとしても、実際に報酬を獲得できるまではその行動が正しいのか間違っているのかその場では分からないからだ。報酬がもらえて初めて、それまでの行動が正しかったことが分かる、つまり「遅れ」がある。このことは「報酬遅れ」と呼ばれる。よって、強化学習ができる生物はいろいろな行動を試し、より多くの報酬を獲得できる行動を模索する。そして、顕在意識の錯覚においても、どこかのタイミングで錯覚するように変化したのではないかと考えられる。

顕在意識はなぜ錯覚するようになったのか?

報酬遅れの問題は、車の運転で裏道を見つける例が分かりやすい。

例えば、転勤で初めて自宅から職場への車通勤を始めたとしよう。最初はカーナビに指示されたルートで移動し始めるが、だんだん慣れてくると、いつも渋滞する場所なども分かってくる。もちろん渋滞には摑まりたくない。すると、タクシーやトラックといった道に詳しいであろう車がちょくちょく曲がる脇道があることに気がつく。これはと思い、後をついていったら案の定裏道で渋滞を回避できた。翌日からはこの裏道を使うようになる。この裏道の学習こそ、渋滞を回避し、短い時間で通勤できるという報酬に基づいて強化学習が行われた典型例である。

ただし、裏道であるかどうかは、タクシーやトラックの後をついている最中は分からず、ひょっとしたら想定とは違う方向に進んでいるかもしれないと心配にもなる。これが報酬遅れの問題である。

話を顕在意識の錯覚に戻すとこうなる。本当は潜在意識の指示による行為であったとしても、顕在意識システムが、自らの指示によってその行為をした、ということにした方が、人同士の社会性がうまく維持できた、すなわちよい報酬を獲得できたということだ。どういうことかというと、人は社会性生物である。群れて社会性を生み出したことで、集団として統制のとれた行動を可能とし、効率的な狩猟や農耕を可能とした。社会性を発揮するには、人と人がお互いの行動の理由や何をしたのか、など、お互いの意図を相互理解し合うことが必須であり、より効率的に理解し合う方が、無駄がなく集団での狩りや農作業において有利だろう。そのためには、顕在意識が司令塔という方が好ましく、そうすることで「環境に適応して生き続ける」という報酬を獲得できた、ということなのだ。

時系列的に整理し、ストーリー的な情報に整形する

我々は、自分の行動の理由を相手に伝える際には、「なぜ○○の行動をしたのかというとね、△△の理由があるからでね……」などと、言い訳的な言い回しになる。一方で、「あれがこうなったからああなって……」という言い回しは、物語（ストーリー）的な表現である。どうやら、顕在意識は、潜在意識からの情報を物語的な表現として組み立て、その物語に従って行動するように体に司令を出したと錯覚するのだと考えられる。我々が自分や相手の行動にその意図を求めてしまうのはこれが理由なのであろう。

そして、潜在意識からの情報を物語的な表現に変換するためには、潜在意識からの情報に対して時間的な順序をちゃんと理解できる必要がある。「○○の行動をしたのは、△△があったから」というストーリーでは、△△があったという事実の方が、○○の行動をした時刻よりも先に起きてなければならない。つまり、顕在意識システムは、単に潜在意識から情報を提供してもらい、自分がやったことだと錯覚するのではなく、時系列的に整理し、ストーリー的な情報に整形しているのである。前述した、強化学習におけるエピソードである。

前野隆司『脳はなぜ「心」を作ったのか』（ちくま文庫）によれば、エピソード記憶に基づく行動ができる生き物は意識を持つとされる。筆者が家族同然にいっしょに暮らしている、わが家の犬猫は風呂が大嫌いである。風呂場に連れて行こうとすると明らかに嫌がる。獣医に連れて行く時も同様である。つまり、過去の風呂場で嫌な目にあったことが記憶され、だから風呂場に行くことが嫌なのだ。明らかにエピソード記憶があるからこその行動であり、犬猫には意識があるのだ。実際、筆者は明らかにそのように実感する。そして、ねずみや鳥にも意識があるのかもしれないが、虫にはなさそうである。虫も自分が嫌いなモノには近寄らないが、それは強化学習によるものではなく、生まれながら持つ行動ルールに基づくものであろう。

我々には自由意志はないのか?

顕在意識と潜在意識の関係が意味すること、それは我々には自由意志がないということである。「私は私である」という自覚は顕在意識システムによるものであり、その顕在意識システムは実は司令塔ではないのだから、当然そう解釈される。「絶対○○したい」という強い気持ちを持って、故意に意識的にある動作を実行したとしても、その行為を意識して実行する少し前に、潜在意識にてその行為の実行が開始されている。潜在意識だって自分の意識の一つなのだから、我々に自由意志があるという見方は間違ってはいない。だが、通常、我々が意識と呼ぶ意識は顕在意識である。「顕在意識に自由意志はあるか？」という問いについては、「顕在意識には自由意志がなく、自由意志があると錯覚しているのに過ぎない」ということになる。

よくよく自分を振り返ってみれば、顕在意識が司令塔でないことの確証が簡単に見つかる。

我々は自分の脳がどのようにして無数の筋肉を制御し、他の臓器と連携して体を維持しているか、思えば驚くほど、全く意識することができない。例えば手を伸ばして目の前のコップを取る、という簡単な動作であっても、手や腕の関節と筋肉を適切に制御できるからこそまっすぐに手をコップに持っていけるのであるが、我々は脳がどのようにして腕や手の複数種類のさまざまな筋肉をうまく制御するのかを意識することができない。摑もうと意識するだけであろう。潜在意識に言わせれば、詳細な体の制御についてまで、顕在意識に情報提供する必要はない、ということである。

我々は顕在意識システムが脳の情報処理の中枢であると思いがちであるが、実際は、脳での大量の情報処理の内、顕在意識化させることに意味のあるほんの一部のみが顕在意識システムに通知されるに過ぎない。何しろ、五感から脳に流入する画像や音、匂いや触覚などのリアルタイムデータは膨大な量である。その膨大な情報を、たかだか1・5リットル程度の容量の中で、およそ1500億個の神経細胞と総延長100万㎞という長さの神経細胞同士を接続する超大規模複雑ネットワークシステムで、処理しているのが脳である。そのすべての情報が顕在意識システムに通知されても情報を整理することはできないからである。

顕在意識と潜在意識についての書籍はそれなりに多く、詳しくはベンジャミン・リベット『マインド・タイム 脳と意識の時間』(下條信輔〈訳〉、岩波書店)などをお読みいただければと思うが、顕在意識が後付けであるという事実には筆者も大きな衝撃を受けたものの、脳というシステムを冷静に見れば、その方が自然だ。

人工知能は意識を持つようになる

2010年代からの第三次人工知能ブームにおいても、1960年代の初回のブームの時と同じく、「人工知能が人を超える」など、人にとって脅威を与える技術として捉えられる側面がある。この脅威をさらに加速させたのが、人工知能の世界的権威である米国の研究者レイ・カーツワイルが提唱したシンギュラリティであろう。「2045年に人工知能が人を抜く」という短いフレーズのみが一人歩きしてしまっており、これが人工知能脅威論を活気づけることになってしまっているのは事実である。

これに関する疑問としてよく聞かれるのが、「将来人工知能も意識を持つようになるのか？」である。もちろん、ここでの意識とは、一般的に捉えられている意識のことで、顕在意識のことである。そして、筆者の回答としては「ＹＥＳ」である。

ただし、人が脳において顕在意識を生み出すしくみを工学的に正確に再構成できる、という意味ではない。意識や自我、そして意図があると思えるような感覚を我々が抱くことができる人工知能は実現可能という意味である。読者諸兄はこれでは意識を持つとは言えないと思われるかもしれないが、以下説明する。

そもそも、我々人が進化の過程で意識という機能を獲得するに至ったのは、社会性を営む上で有利であったからであり、人にとっては意味があっても、人が作る人工知能にとっては意識という機能を持つこと自体には意味はないと筆者は考えている。

人工知能にとっては、人と共生するためにも、自分に意識があると人に感じてもらうことの方が重要である。少々乱暴な言い方をすれば、「○○のように振る舞えば人は人工知能も意識を持ち、楽しいとかつらいといった感情を持つんだな」というしくみがあればよいのである。

読者諸兄は「ふり」をするなどというのではダメであると思われるかもしれない。しかし、我々の意識にせよ感情にせよ、これらも「ふり」といえば「ふり」なのである。実際、我々の実際の行動を制御する潜在意識は「ふり」をしていると思っているかもしれないが、顕在意識がそれを確かめることはできない。

人が意識や感情といった機能を獲得したのは、人同士協力して生き抜くためであり、社会性を発揮するためであった。そのためには見知らぬ相手が友好的なのかどうかを識別するための何かしらのやりとりが必要であり、それが自分の状況を相手に伝えるため機能として、獲得されたのだということであろう。

別の見方をすれば、人は自律的・能動的に動き、その動きがそれなりに複雑であるようなモノにはそこに何かしらの意図を感じ、意識を持っているという感覚を抱くのである。すなわち、第1章にて述べた、自律性を持つ人工知能の高汎用型人工知能に対しては、我々は意識を持つような感覚を抱くに違いないのである。

すなわち、意識を持っていると感じさせる人工知能は、人に使われる道具という存在から脱却し、人と同じ生物のグループに加わると解釈されるということなのであろう。

そして、我々の柔軟な判断力や多様な情報からの直感的な行動を生み出しているのは潜在意識である。これと同等の能力を持つ人工知能を開発することができれば、そのような人工知能を搭載するロボットの行動はかなり人に近づくことになる。

ただし、現在の第三次人工知能ブームでの、人工知能の主たる能力は、機械学習による画像認識や大量データからの特徴抽出や分類といった知識処理であり、柔軟な判断や直感といった能力に対しては注力されておらず、現在の道具型人工知能技術に対しては、潜在意識に相当する能力は必ずしも必要とされてはいない。

では、サールの定義による意識を持つ人工知能である「強い人工知能」にして高い汎用性を発揮する自律性も持つ人工知能は、将来必要となるのであろうか？

以下では、農業を例として、自律性を持つ人工知能が今後必要になるのかどうか考察してみたい。

2025年問題（図7）をご存じであろうか？　団塊の世代がこぞって後期高齢者になる、つまり超少子高齢化社会が本格的に到来する年である。人工知能脅威論における最も身近な話題である、人工知能に職業が奪われる問題であるが、超少子高齢化する日本においては、奪われるどころかその逆で、労働現場への積極的な人工知能の投入が必要な状況

図7　2025年問題

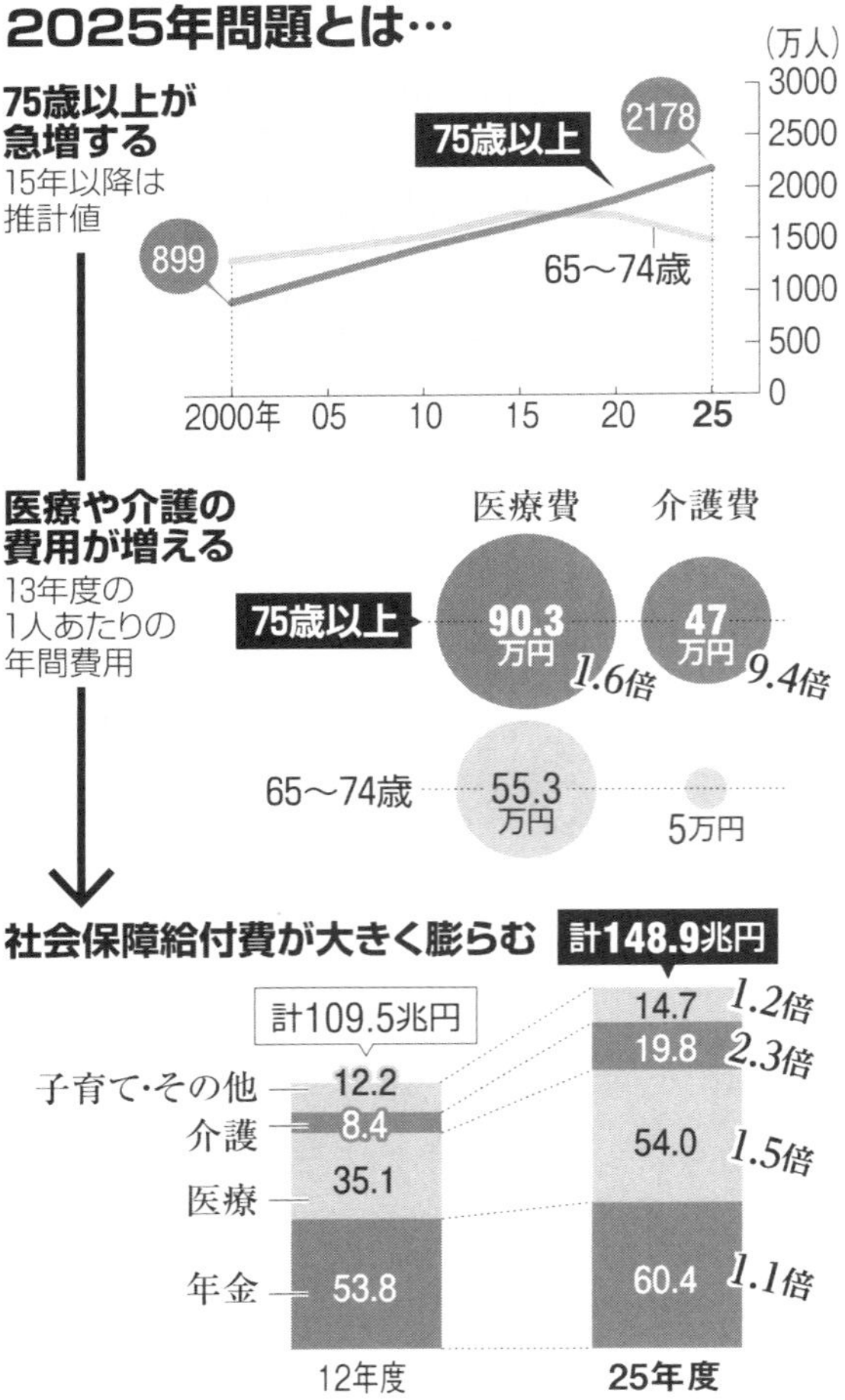

出典：朝日新聞社

もある。それが農林水産業や建設業といった第一次産業を中心とする国の基盤産業である。分野を問わず、熟練技術者や技能者による経験知こそが物作り大国日本の宝であるはずが、第一次産業においてはその熟練の知が失われようとしている。現場での高齢化が進み引退が迫る中、農業に従事しようとする若手がいない。いわゆる3Kと敬遠されがちな職種であるだけでなく、昨今のIT業界での売り手市場といった背景も若手を第一次産業から遠ざけ、低い就業率を招く要因になっている。貴重な知の消失という危機的状況にある。この状況を打破するためにも、積極的な人工知能やロボットの生産現場導入による労働力補塡が急務だ。無論、人工知能やロボットの導入による現場のIT化は、肉体労働からの解放など、若手の現場への興味をかき立てる呼び水にもなるであろう。

では、どのような人工知能を導入すればよいのであろうか？　農業を例にすると、すでに開発が進み具体的な導入が開始されているのが自動農作業機器の現場投入である。なお、「自動」であって「自律」ではないところが重要なポイントである。GPSで位置を把握しながらあらかじめ決められたルートを正確に移動しつつ淡々と田畑を耕す自動トラクターなどは、人の作業負荷を低減させる。我々は夜や天候不順で視界不良の時は運転することができなくなってしまうが、自動トラクターはGPS信号による正確な位置推定により暗くても作動する。農作業器具の操作からの解放は高齢化した農家の負担を軽減させ農作業効率も向上させる。現場への投入を加速させなければならない。

あくまでも主役は人

しかし、自動化が進めば進むほど人が行う作業の範囲は狭くなり、最終的には人は不要になってしまう。現在の完全ロボット化された自動車工場のようなものである。実際、都心に新鮮な野菜を供給するための高度自動化された野菜工場なども登場している。問題はここからだ。たしかに少子高齢化に伴う、労働現場への自動機械の導入は有効な手段であるが、現場にも人はいる。高齢者であっても、働くことにプロ意識を持っているであろうし、よりよい農作物を収穫することが生きがいであるかもしれない。そのような農作業現場に、淡々と作業を行う自動車工場での自動組立ロボットのような、無機質で人との対話能力を持たないロボットが大量に導入されることを想像してみて欲しい。自動機械が主役で、自動機械を邪魔しないように細々と人が暮らすような現場になってしまっては本末転倒である。人が主役でなければならない。

そこで、望まれるのが、人に寄り添う、人と共生するタイプの自律型かつ高い汎用性を持つ人工知能を搭載した農作業機械である。この人工知能の主たる目的は、農作物の効率的な生産だけでなく、それ以上に人が楽しく農作業をできるようにすることである。体力的に難しい作業は、もちろん人工知能が担当するが、人がやろうとする仕事を勝手にやってしまうことはない。人と人工知能が対等な立場で協力して農作業をするのである。何か重いものを持とうとすれば、さっと手伝ってくれ、普段は人がやっている作業であっても、人が疲れていると判断すれば、自らその仕事をやってくれる。また、人工知能が人に対して手伝うことをお願いすることもあるかもしれない。そのような人工知能が導入されれば、人が人に感じる感覚を人工知能に対しても抱くであろう。このような農作業機械に囲まれた現場であれば、人は高齢化しても充実した日常を過ごせるのではないだろうか？　そして、そのような現場であれば若者の参入障壁も低くなるのではなかろうか。

2025年問題を乗り切るためにも、労働力としての人工知能が必要であるが、単に自動化を進めてしまうと、最終的には我々にとっては好ましくない状況になる。

次章では、人の知能のように、自律性や意識を持つ人工知能をどのように作るのかについて考察する。

第3章

人のような知能を持つ機械はどうやって作るか？

工学的製品はトップダウン型

生物は、人であれば目や耳といった五感、蟻であれば複眼や触覚など、センサーを通して周囲の環境の状況を観測し、脳を主体とする身体でその情報を処理して体を動かしたり鳴いたり、人であれば声帯を動かして話すなど、何かしら体を動かして反応する。

体を構成しているのは金属やプラスチックではなく有機体であり、外界の状況を五感というセンサーにより収集し、その情報に基づいて筋肉という駆動機械を動作させる。その意味では、ソフトバンクのｐｅｐｐｅｒやＳＯＮＹのＡＩＢＯといったロボットや、部屋の温度を温度センサーで感知して適温になるようにコンプレッサーを動作させるエアコンと、ハードウェアとしての基本構造は同じである。

この場合、入力に対して出力を返すシステムということでは生物も機械も同じであるとして、そのようなシステムを設計するやり方はどれくらい似ているのであろうか？　その答えとしては「真逆」というのが適切といったところであろうか。一言で表現すれば、現在の工学的な製品はすべてトップダウン型であるのに対し、生物はボトムアップ型ということになる。

図８　工学的製品はトップダウン型、生物はボトムダウン型

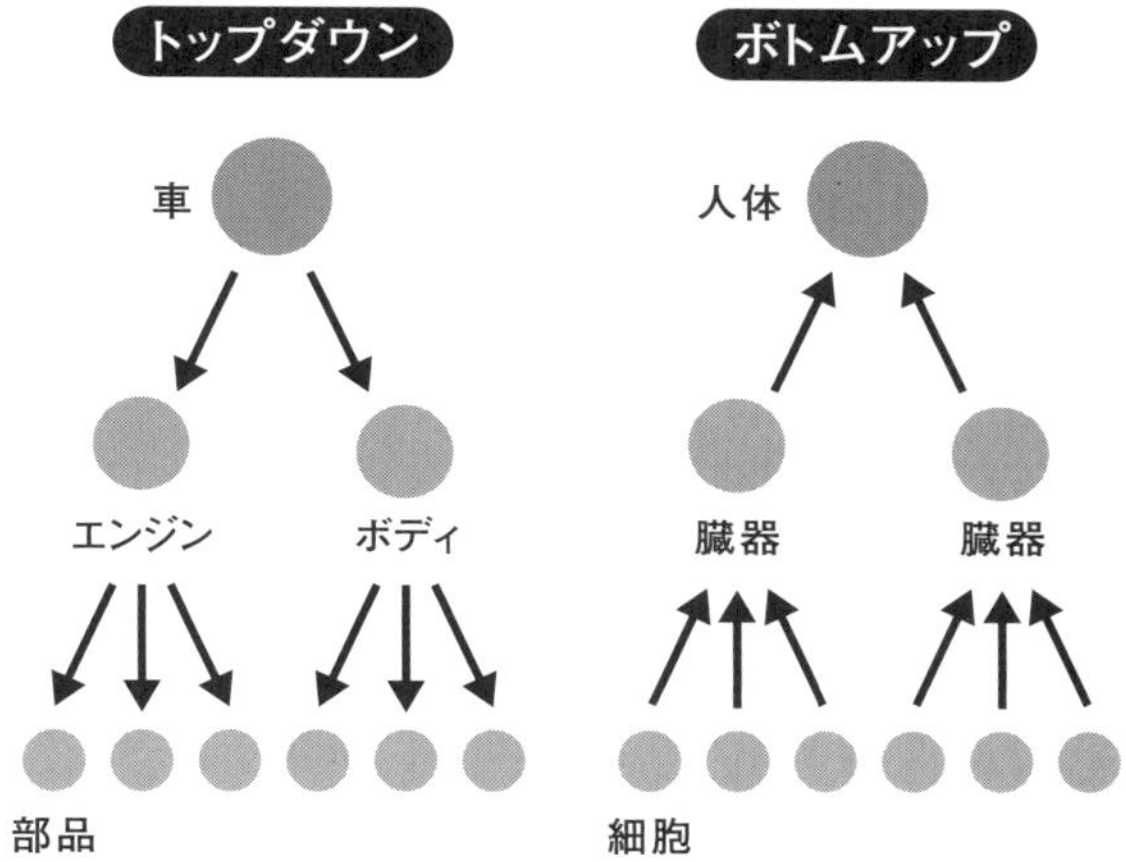

まずはトップダウン型である従来の工学的な設計方法について説明する（図８）。最初に作りたいモノの全体像をイメージする。車とかパソコンとかロボットとかなんでもよい。次に、完成形がどのような構造や機能を持たなければならないのかを入念に整理し、全体をいくつかの大きなパーツに分割する。車であれば、ボディ、エンジン、内装といった具合である。

しかし、それでも個々のパーツは十分に複雑である。エンジンであれば、モーター部分と変速機などである。さらにモーター部分であればシリンダーとタイミングベルトなど。そして、もうそれ以上細かく分割できないレベルになるまで分割を繰り返す。

こうして、車という最初にイメージした製品を、構成する個々のパーツレベルに細分化する。この「パーツ化」がトップダウン型の設計方法における中心的な作業である。そして、細分化と逆の方向で個々のパーツを組み立て、最初にイメージした全体像である車が完成する。

よって、当然であるが、個々のパーツには全体における役割があり、全体レベルでの仕様の変更が発生した場合は、どのパーツをどのように仕様変更すればよいかを考えることとなる。トップダウン型の設計においては、全体と個々のパーツとは密接な関係にある。

現在に至るまで、身の回りにあるすべての工業製品はすべてトップダウン型の設計により作られていると言ってよいだろう。しかし、この設計方法によるモノ作りにはある重大な限界があり、すでにその限界に起因する問題も露呈し始めている。その問題とは何か、以下に述べる。

トップダウン型の設計における最初のフェーズは、作りたいモノの完成イメージを人が用意することであるが、問題は次のフェーズである、パーツへの細分化にある。細分化こそが設計ということであり、間違った設計をしてしまえば、想定した完成形とはならない。もちろん、そうならないように入念に設計するのであり、現在のさまざまな工学製品や情報システムは人の知恵と苦労の賜である。

しかし、最初にイメージするモノが大規模化、複雑化すればするほど、細分化において間違いが紛れ込む可能性が高くなってしまう。情報システムにおいては、パーツ同士が複雑に連携することからなおさら設計が難しくなる。その典型がｍａｃＯＳやＷｉｎｄｏｗｓ、ｉＯＳ、ＡｎｄｒｏｉｄなどのＯＳ（オペレーティングシステム）である。ＯＳのプログラムはテキストにして数千万行にもなるという。もはやＯＳの開発者であっても、すべてを詳細に把握できているとは言えない。そこに隙が生まれてしまい、ハッキングのきっかけを与えることになるかもしれないし、そもそも最初の設計が完全であるとも言えない。パソコンを使っていると、月に一回くらいのペースで「重要な更新」といった通知があるのはその証しである。今後ますます大規模で複雑なシステムを作るならば、はたしてこのままトップダウン型の設計方法で大丈夫なのであろうか？　この懸念は、今後、トップダウン型の設計方法では人の理解を超えるようなモノは作ることはできないことを示唆している。

最初に作りたいモノを具体的にイメージできなければ、それを構築するためのパーツへの細分化はできない。別の言い方をすれば、人は自分の想像を超えるモノをイメージできないから、この設計方法では人を超える人工知能の実現は難しいということだ。つまり、もしも超えるような人工知能が生まれたとしたら、それは何らかの設計ミスによる「暴走」と捉えられるケースであろう。

生物はボトムアップ型

一方、生物は逆のボトムアップ型の方法で生み出されるシステムであり、トップダウン型にはないさまざまな特徴を持つ。実際、トップダウン型にボトムアップ的な手法を部分的に取り入れた製品も存在する。

ボトムアップ型とは次のようにして作られる。まず、念頭に置きたいのは、生物を構成するのは細胞というパーツであるということだ。その細胞自体も極めて複雑であるのだが、ここでは細胞が末端のパーツであるとしよう。人の体は数十兆にもなる膨大な数の細胞から構成されている。トップダウン型の設計で、これだけのパーツにて構成される製品は存在しない。航空機であっても、数百万のパーツ数である。数百万のパーツで構成されているだけでも驚くべき複雑さであるが、生物は桁違いに複雑なのである。

そして、ボトムアップ型では、トップダウン型設計において最後に登場する末端のパーツレベルの設計が最初に行われる。レゴや積み木のパーツを設計するようなものである。ただし、個々のパーツは自ら動いたり、他のパーツとくっついたりできる能力を持つのである。そして、基本的にはそれだけである。個々のパーツを設計すると、その後は、パーツ同士の相互作用や自己組織化などにより、パーツ同士が勝手にまとまりながらまとまることで新たな能力を生み出していくのである。これは「創発」と呼ばれる。設計するのが細胞レベルだとしたら、細胞同士が結合することで、より大きなパーツである臓器を構成し、胃という臓器では消化する機能、肺という臓器では空気から酸素を取り込む機能、そして脳という臓器では記憶や画像・音声を認識する機能を創発させる。そして、これら臓器同士が結合することで人体という全体を構成し、現在の高度な文明を築き上げる高い知能を創発させる、という具合である。

創発と群知能

創発とは、生命現象そのものでもあるが、この現象の分かりやすい例が蟻の行列である。個々の蟻も生き抜くための知能を持ってはいるが、蟻が群れると個々の蟻よりもはるかに高い知能を発揮することができるのだ。詳細は後述するが、これを「群知能」という。

そして、我々人の脳が高い知能を生み出す原理と、蟻の群れが知能を発揮する原理は実は同じである。蟻の群れの場合は、餌と巣穴との最短経路を見つける最適計算能力という知能を創発することになる。

子どものころ、夏になると蟻の群れが、巣穴と餌との間を、行列を作って餌をせっせと巣穴に運ぶ光景を見かけたことがあると思う。「行列を作るなんて賢い」などと思ったこともあるのではないだろうか。蟻以外にも、渡り鳥のV字飛行や鰯の魚塊など、社会性を持つ生物の群れはさまざまな能力を発揮する。

蟻に話を戻すと、蟻の行列は、巣穴と餌とのほぼ最短経路になっているのである。ただし、人は上から見ることができるため、行列が最短であることが分かるが、行列を形成している個々の蟻は行列全体を俯瞰することなどできるわけがない。行列を作っているはずの個々の蟻は自分達が群れていることも、そして群れて最短な行列を生み出していることも認識してはいないのである。

また、行列を作っているという認識を持たないまでも、蟻同士に行列を作るという共通目的のために、何かしらの協力がなければ群れとしての組織的な行動はできないと思われるであろうが、当の蟻達は人のようにお互いしゃべるなどして協力するといったこともしてはいない。個々の蟻それぞれ基本的には自分勝手に動き回っているだけである。それぞれ意図的な協力もせず勝手に行動しているにもかかわらず、群れとして組織的な行動になっており、最短な行列を形成することができるのだ。

なんとも都合のよい話であるが、ちゃんと仕掛けがある。それはすべての蟻が共通した行動ルールに基づいて動いているということだ。人であれば、常識やモラル、社会規範とか法律などにしたがって動くが、それらよりさらに厳格な行動ルールである。

蟻の場合、進化の過程でそのような行動ルールを獲得したのであり、いやいや行動ルールに従っているということではなく、そのような行動ルールの範囲で自由に行動する生物なのだ。

蟻のフェロモン

ではどのような行動ルールなのかというと、蟻は単にランダムに動き回っているのではなく、フェロモンという揮発性のある液体を地面に付けながら歩いているのである。人に例えると、深い森に入る際、迷わぬように木に目印を付けながら進むようなものである。

蟻は適当に歩き回っていても匂いを辿れば巣に戻ることができる。そして、餌を見つけた時には、別のフェロモンを付けながら巣に戻る。こうして巣から餌までの匂いのルートが1つ形成される。もちろん、蟻が適当に歩き回って見つけたルートなので、最短ルートであるわけはない。それでも、偶然、この巣と餌を結ぶルートに遭遇した蟻も、ルートであることを示す匂いを辿ることで餌の場所に到達することができる。すると、その蟻も先ほどの蟻が残した巣への移動ルートを辿りながら、しかも先ほどの蟻と同様に餌があることを示す匂いフェロモンを付けながら移動する。その結果、巣と餌を結ぶルートに付けられる匂いはさらに強くなり、匂いは拡散して近傍の蟻が気づきやすくなり、より多くの蟻がその匂いに気づくことになる。こうして結果的に多くの蟻が餌と巣の間を往復するようになり蟻の行列が形成されるのである。

では、肝心の餌と巣との最短経路はどのように形成されるのであろうか？　その答えは、フェロモンの揮発性にある。フェロモンは香水のようにだんだんと匂いが消えていく性質を持っているが、これにより興味深い現象が起こる。蟻は匂いに沿って移動するという行動ルールを持つとはいえ、彼らにとっての自然環境である地面は複雑である。指定されたルートを正確に移動するロボットのように移動できるわけではない。たまたま大きな石があって避けるとか、他の蟻に進路を塞がれてコースからはみ出るとか、たまたま枯葉がルート上に落ちてきてそれを避けるとか、はたまた時には空腹状態などいろいろな要因によって途中で離脱なんてこともあるのだろう。

このようにして、本来のルート以外での巣と餌を結ぶルートが多く発生することになる。これは、結果として、最初に発見されたルートよりも、餌と巣との移動距離が短いルートが偶然発見されることを意味する。この新しいルートを見つけた蟻も他の蟻と同様に餌があることを示すフェロモンを付けて移動することから、新しいルートを移動する蟻の数も、最初のルートと同じ要領で増えていくことになる。

ここで興味深い現象が起こる。最初に発見されたルートと、より移動距離が短い新しいルートとでは、フェロモンが揮発する度合いは双方のルート共に同じなのであるから、移動距離が長いルートの方が、蟻が餌か巣に辿り着くまでにフェロモンが蒸発してしまう可能性が高い。つまり、より短いルートの方がフェロモンは残っている可能性がある分、ルートが他の蟻に見つけられる可能性が高くなり、巣と餌を結ぶより安定したルートとなるのだ。そして、このようなより短いルートが徐々に発見され、最終的にはほぼ最短な巣と餌を結ぶ経路が形成されることになるというわけだ（図9）。

ここでの重要なポイントは、個々の蟻は自分達が最短経路を形成しようとして行動して

図9　蟻のフェロモンの経路

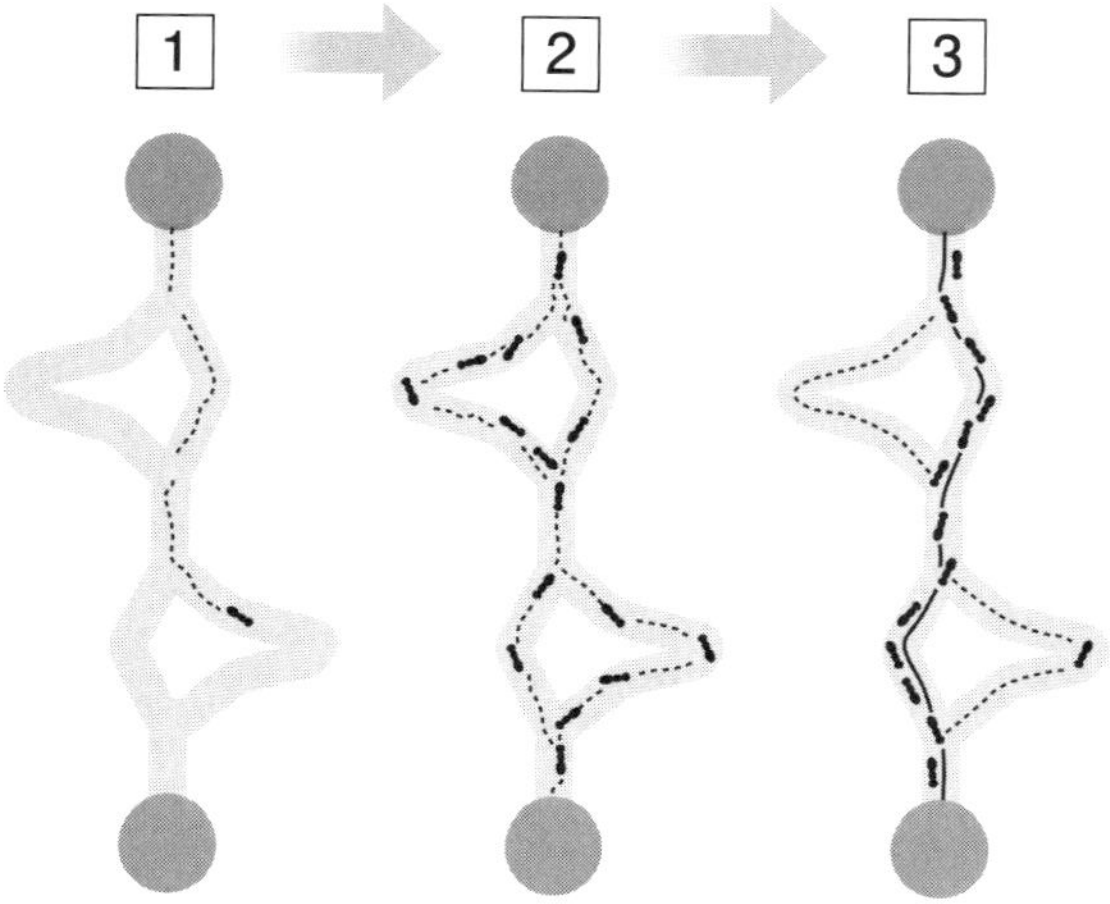

はいないという点だ。最短経路は個々の蟻の行動の総体として「創発」されるのだ。そして、個々の蟻はお互い勝手に行動しているように見えるものの、前述したように、状況に応じて適切にフェロモンを付けるという共通の行動ルールを持っている。

もちろん蟻は生物であるが、蟻の群れは最短経路を探索するロボットシステム、すなわち、多数の自律的に動作する人工知能搭載ロボットで編成され、ロボット同士が連携することでロボット全体として、最短経路を発見する能力を持つシステムと見ることができる。

このようなシステムのことを人工知能

の分野では、自律分散システムとかマルチエージェントシステムと呼ぶ。個々の蟻に相当する単体の自律型人工知能がエージェントである。多数（マルチ）のエージェントにて構成されるシステムなので、マルチエージェントと呼ばれる。

マルチエージェントシステムにおいては、個々の蟻であるエージェントをどのように設計するかが重要だが、それ以上に重要なのが、エージェント同士がどのように連携するかである。「三人寄れば文殊の知恵」ということわざがあるが、「烏合の衆」になっては意味がない。以下に、連携の仕方についても簡単に述べておこう。

協調メカニズム——中央集権型

お互いに協力する時の連携の仕方を協調メカニズムと呼ぶが、大きく3種類のメカニズムが存在する（図10）。まずは中央集権型について説明しておこう。

大勢で何かしら決め事をする時、まとめ役もしくはリーダーを置くことはよくある。皆から意見を聞き議論をまとめる。無論、リーダーは群れ全体としての目的、蟻の例であれば、巣と餌を結ぶ最短ルートを発見するという目的を理解した上で、リーダーとしての責務を担うことになる。

図10　3種類の協調メカニズム

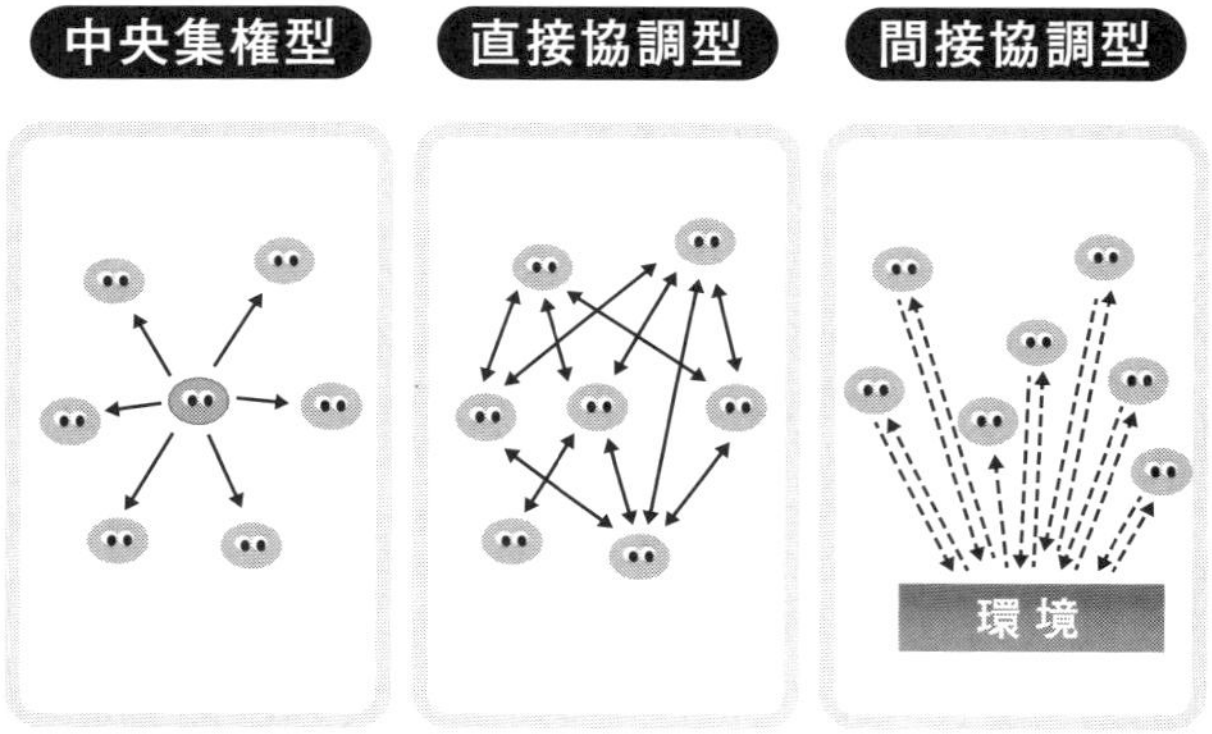

仮に、蟻の群れが中央集権型だと仮定すると、段取りは次のようになる。リーダー蟻が他の多くの蟻から餌へのルートに関する情報を収集し、すべてを俯瞰できる、いわば「神」の立場から最適なルートを決定し、各蟻にそのルートを通知する。この方法だと限りなく最適なルートを効率的に知ることができそうだが、リーダー蟻は多くの情報を整理し最短ルートを見つけるための処理を行う必要がある。情報を提供する蟻の数が増えればそれだけ正確なルートを見つけやすくなるものの、リーダー蟻に負荷が集中することになる。もちろん、蟻は我々のようにインターネットといった通信技術を持っていないので、そう簡単に他の多くの蟻から情報収集することはできず、実際、蟻の群れは中央集権型

ではない。

いずれにせよ、中央集権型はより高い精度で物事を決めることが可能であるものの、リーダーに負荷が集中するという難点がある協調メカニズムなのである。

ちなみに、現在の我々の身の回りにある多くの情報システムが「中央集権型」である。すべての情報を集めて最適な処理ができることが重要視されるのは当然であろう。身近なところでは交通信号機がある。都心など交通量の多い区域では各交差点に設置されている信号機は実は集中制御されている。高速道路以外の一般道路の交通管制は県ごと、すなわち各県警単位で行われている。

車やバイクに乗られる方はお気づきかもしれないが、交差点付近でふと上を見上げると、支柱に感知器と呼ばれるセンサーが設置されていて、交差点を通過する車両台数を計測している。管轄するすべてのセンサーからの情報が交通管制センターに集められ、どのように各信号機を制御するかが決定される。すべての情報を使っての、即ち「神」の視点からの制御であることから、より最適な制御が可能となる。

ただし、前述したように、管制センターでは収集される膨大な情報を裁く必要があり、情報を集めるコスト、計算するコスト、そして計算結果に基づいてすべての信号機を制御するための情報伝達コストなど負荷が集中する。よって、現在においてもセンサーから情報を収集しても反映されるまでに5分程度の時間がかかってしまう。無論、5分は決して短い時間ではなくその間にも交通状況は変化してしまう。

このように、中央集権型では、目まぐるしく変化する状況において処理が追いつかなくなる場合がある。中央集権型を協調メカニズムとみなすことには、抵抗を覚える読者もいると思うが、リーダーがすべてを掌握し群れを管理する連携の仕方も協調の一つのあり方なのである。

協調メカニズム――直接協調型

中央集権型に対して、2つ目の協調方式が直接協調型である。これはいわゆる合議制であり、いわゆる典型的な協調メカニズムである。中央集権型のようなリーダーはおらず、すべてのエージェントが群れ全体としての目的を達成するために、個々のエージェント同士が直接調整作業を行う。

この方法ならばリーダーに負荷が集中することもないし、大きな問題を皆で分担して解決しようという協調メカニズムであることから、個々のエージェントの負担も小さくなる。

政治における地方分権といった考え方は直接協調型に含まれる。サッカーにおいても、監督の指揮の下という中央集権型のようにも見えるが、ゲーム中は個々の選手が阿吽の呼吸で連携する、まさに直接協調型の典型例であろう。

また、この方式は新たな機能を追加しようと思えば、新たなエージェントを追加するだけで済むし、仮にあるエージェントが故障してしまっても、他のエージェント同士が調整して埋め合わせるなど、エージェントが置かれた状況が変化しても柔軟に適応することが可能だ。しかし、中央集権型の場合、ちょっとした機能の追加や、管理するエージェントに故障が発生しても、すべてをリーダーエージェントが対応しなければならない。無論、肝心のリーダーエージェントが故障した段階で、中央集権型の群れは、全体としての機能が停止してしまうことになる。一方、直接協調型は司令塔役のエージェントがいないことから、あるエージェントが停止しても致命的になる可能性が低い。

ただし、直接協調型にもウィークポイントがある。調整に時間がかかるのだ。エージェント全体の合意がとれれば中央集権型と同じく最適な解決策がまとまるが、リーダーがいない中、個々のエージェント同士の話し合いで全体としての結論を出さねばならず、話がまとまりにくいのである。現実のシステムで例えるならば、エージェント同士は何らかの通信をすることでお互いの調整を行うことになるが、その通信コストが膨大になってしまう可能性があるのだ。

そこで、ある程度の合意の段階で調整を切り上げるといった方法や、人間社会での組織によくあるように、意思決定において階層構造を取り入れ、直接協調型と中央集権型を混ぜ込んだハイブリッド型など、さまざまな協調方法がこれまで生み出されている。

話を蟻の群れの、最短経路を見つけるしくみに戻す。蟻の群れは中央集権型ではなかったわけであるが、かといって直接協調型でもない。直接協調型であるとすれば、個々の蟻が全体として最短経路を見つけるという目的を共有し、そのために他の蟻と連携するということになるが、当の蟻はそのような目的意識で行動してはいないからである。

協調メカニズム——間接協調型　Ｓｔｉｇｍｅｒｇｙ

そこで、３つ目の協調メカニズム「間接協調型」の登場となる。これは、蟻が進化にて獲得した協調メカニズムであり、Ｓｔｉｇｍｅｒｇｙ《スティグマジー》という名称が付けられている。この単語は１９５９年にフランスの昆虫学者ポール・グラーセが提案した造語であり、辞書には載っていないが、インターネット検索すればいろいろ解説されている。これは直接協調型と相対する間接協調型の協調メカニズムのことである。日本語では間接協調メカニズムにて生み出される知能のことを「群知能」と呼ぶ。

前述した蟻の群れが最短経路を発見する流れを思い出して欲しい。個々の蟻は蟻同士直接的にお互いの情報を交換するといったことをせず、単にフェロモンを地面に付けながら移動するだけであった。しかし、そのフェロモンという匂いが他の蟻の行動に変化をもたらし、最終的に餌と巣を結ぶ最短経路を発見するという知的な振る舞いを生み出していた。つまり、蟻同士は、地面に付けられたフェロモンを媒介として、間接的にお互い連携していたのである。

人が生活する環境において、自分が動くことは、他人から見れば環境が変化することを意味する。そして、環境が変化することが、他人の行動の変化を起こさせることになる。興味深いのは、個々の蟻は他の蟻と直接的な連携をしないのだから、基本的には利己的に自らの意思で動くだけだ。しかも、全体として達成したい目的も個々の蟻は共有してはいない。一見すると連携しているとは思えない。たしかに、多数のエージェントが存在し、皆が勝手に動き回るのであれば、全体としての目的が達成されるわけがない。これでは単なる無政府状態である。

では、何があれば協調効果が生み出されるであろうか？　その答えは、個々のエージェントの「行動ルール」にある。蟻であればフェロモンに基づく行動ルールが共通の行動ルールである。フェロモンを介した行動が結果として蟻同士の連携を生み出し、蟻の群れとして最短経路を形成するという、個々の蟻の能力を超えた高い能力が創発されるのである。

断絶

そして間接協調型においては興味深い特徴がもう1つある。それが創発させる側と創発される側との断絶だ。個々の蟻は自分達が群れとして何を創発させているのか分かっていない。そして、創発されたモノ——蟻であれば餌と巣の最短経路——からみても、個々の蟻が最短経路を創発する上で、どのような役割を担っているのかがよく分からないのである。

その象徴が、間接協調型システムの象徴である我々の脳である。脳が膨大な数の脳神経細胞から構成されていることは前述した通りであるが、個々の脳神経細胞が行っていることは極めて単純であり、蟻の群れが最短経路という知性を生み出す構図と、個々の脳神経細胞の群れが脳という臓器を構成し、人の高い知性を生み出す構図は同じである。個々の脳神経細胞は、まさか自分達の群れが高い知性を生み出していることなど分かってはおらず、そして、生み出されている側である知能も、自分がどのように生み出されているか理解することができない。

どういうことかと言えば、我々の意識自体は、脳神経細胞が群れることで創発されているが、人は自分の脳神経細胞のことを意識することはできない。「あ、今、脳のこの細胞からあの細胞に電気信号が流れた」などと意識できる人はいないであろう。

ちなみに、蟻の群れが最短経路を見つける能力を生み出す仕掛けについては、ACO（Ant Colony Optimization：蟻コロニー最適化）という工学的な最適探索手法として確立されている。まさに自然から学んだ知見が有用な技術として活かされているのである。

蛍の群知能

折角の機会なので、群知能の面白さを共感していただくためにも、蟻に加えてもう1つ興味深い例を紹介しよう。パプアニューギニアの山奥に生息する、ある昆虫が群知能として驚くべき能力を創発させる。その昆虫とは蛍であり、その能力とは同期現象である。これは、複数の個体がタイミングを合わせて動作する現象のことであるが、パプアニューギニアに生息する蛍は、一本の木に何万匹かとまり、タイミングを合わせて全個体が点滅を繰り返すのである。

なぜ同期するように進化したのかというと、理由は「繁殖」にある。点滅するのはオスで、繁殖期により多くのメスに気づいてもらうため、より明るく点滅した方がより遠くにいるメスにも気づいてもらえる可能性が高まるというのが理由ということだ。

同期は工学的にも極めて重要な技術だ。特にＩｏＴにとっては生命線とも言える。なぜなら、ＩｏＴの進展により、さまざまな場所に大量のセンサーが設置され、膨大な情報を収集するインフラが整備されつつあるが、センサー情報を正しく利用するには、単にセンシングした値に加えて、どの時刻の情報であるかが極めて重要なのだ。

例えば、2つのセンサーＡ、Ｂがあり、Ａが反応して1秒後にＢが反応したにもかかわらず、実はＡの時計が狂っており2秒進んでいたとすると、収集されたデータとしては、実際はＡが先に反応したにもかかわらず、ＢがＡよりも1秒先に反応したということになってしまう。センサーが反応する順番が極めて重要なデータであった場合、致命的なエラーとなってしまう。

そこで、すべてのセンサーが正しい時刻にて動作することが必須となるのだが、すべてのセンサーがインターネットに接続され、時刻情報を管理できるわけではない。デバイスに内蔵された時計でしか時刻管理できないタイプもある。その場合は、近隣のセンサー同士、通信を通してお互いの時刻を同期させる作業が必要となる。

が、ここで問題が発生する。仮にリーダーに相当するサーバータイプのセンサーが他のセンサー通信をして時刻を同期させようとすると、通信量が大きくなってしまう。無線通信タイプのセンサーは電池駆動であるものも少なくない。本来のセンシング以外の時刻同期のための通信に多くの電力を要してしまっては本末転倒だ。

この蛍の同期のしくみがいかに魅力的であるかがお分かりかと思う。同期のタイミングを仕切るリーダーが存在しないのに同期ができるのだ。蛍も点滅に過度なエネルギーを消費したくはないであろうから、恐らくエネルギー消費が少なくても同期できる方法を進化にて獲得したのだと思われる。

蛍の同期のタイミング

では、蛍はどうやって同期のタイミングを調整しているのであろうか？　1本の木に、何万匹の蛍がくっついているのであるから、まさに個々の蛍の周りも蛍がぎっしり密集しているであろう。

先ほども述べたように、同期を実現するてっとり早い方法はリーダーに従うことである。オーケストラの指揮者のような蛍に皆が呼応すれば簡単に同期できるであろう。しかし、過度に密集した状況では皆が1匹の蛍の点滅を知覚することは不可能であろうし、そもそも昆虫はそれほど視覚能力も高くはない。それに、同期は人であっても難しい。サッカーや野球のスタジアムで観客が立ったり座ったりすることでウェーブを起こすシーンを想像して欲しい。ウェーブは簡単に実現できるのだ。なぜなら隣が立ったら自分が立てばよいからである。しかし、ウェーブでは人が立って座る波が伝搬するだけで、観客全員が一斉に立って座る同期的なシーンは見たことがない。

実は蛍においても、すぐに同期的点滅が発生するのではなく、それぞれがランダムに点滅する状態からウェーブの状態に移り、比較的短時間で同期的点滅に移るという過程を経ている。この同期的点滅現象はＹｏｕＴｕｂｅで検索すると簡単に見つかるので是非ご覧いただきたい。まさに蟻と同様に、極めて高度で知的な動作が創発されているのである。

ただし、蛍は蟻のように移動しながらフェロモンを使うといった能力もなく、単にある周期で点滅を繰り返すことしかできない。蟻の場合は、個々が共通した行動規範に従うことで協調動作が生まれ、それが全体としての高い知能を創発すると述べたが、同じ群知能でも、蛍は蟻とは異なる原理にて高い知能を創発させることに成功している。そして、その原理の正体こそがネットワークなのである。次項で、興味深い事例を紹介しつつ説明しよう。

スモールワールド実験

まず、有名な手紙の実験を紹介しよう。1967年に社会心理学者のスタンレー・ミルグラムがある奇妙な実験を行い、それは「スモールワールド実験」などとも呼ばれている。

スモールワールド実験は、実際はアメリカ国内で実施された実験であるが、イメージしやすいように日本での実験として説明しよう。まず、九州在住の複数人を電話帳などからランダムに選び出す。九州の住民は1000万人を超えるから、選ばれた人同士がお互いに知り合いである可能性は極めて低いであろう。そして、次に北海道から同じように1人を選出する。九州と北海道では物理的な距離も離れているし、九州で選出された人々と北海道から選出された1人がお互いに知り合いである可能性はほぼゼロであろう。

こうして選び出した九州在住の人々全員に対して、ある封書をそれぞれ北海道から選出した1人に送り届ける指令を与える。そして、封書には送付先の具体的な住所は書かれておらず、「北海道で貿易商を営んでいる橋本さん」としか書かれていない。無論、手渡された方は、そんな人を知るわけもなく、困惑するだけであろう。彼らが橋本さんと直接知り合いであるわけはなく、封筒を届けるなど荒唐無稽な話だ。

しかし、彼らは、封筒を届けるために、ある一つの行為はしてもよいと言い渡されていた。それは「封筒を届ける相手と知り合いでない場合、相手を知っているかもしれないと思う、あなたと親しい友人には封筒を手渡ししてもよい」というルールであった。封筒を送られた友人も同様に封筒を彼の友人に送ることのみ許される。このようにバケツリレーの要領で封筒を橋本さん目指して送り届けようというのである。

驚くべき結果

さて、封書はちゃんと橋本さんに届いたのであろうか？　直感的にはまず届くわけがないと思われるかもしれない。我々はいったい何人くらいの友人がいるのであろうか？　仮に1人100人の友人がいるとしてそれを1つのグループとすれば、1万人いれば、およそ100個のグループがあることになる。2つのグループの両方に属する人もいるであろうから、そのような人を介してグループ間を情報が伝達できるとすると、1万人いればその中のお互い知り合いでない2人が連絡し合うにはざっと100人のバケツリレーが必要ということになる。実際には2つ以上の多くのグループに属する人もいれば、100人より多くの友人を持つ人もいるであろう。よって100人を経由するよりも少人数のバケツリレーで済むケースもあるかもしれない。しかし、この手紙の実験は1億人という日本の総人口が母数であり、相当数のバケツリレーが必要になると思われる。最低でも数千人経由だろうか？

実験の結果はとても興味深いものとなった。九州の十数人に封筒を渡し実験を開始したところ、数人からの封筒が最終的に橋本さんに届いたのである。そして、驚くべきことに、封筒のデザインや封筒の郵送の仕方を改良した結果、最終的には9割以上の封書が届くようになったのである。さらに驚くべきは仲介した人数だ。たかだか6人だったのである。

これは何を意味するのかというと、つまり、日常生活ですれ違うさまざまな人々はお互いを知り合いではないとしても、たかだか6人の友人を経由すればつながる、ということだ。お互い他人のはずのAさんとBさんであるが、Aさんの友人の友人の友人の友人の友人の友人の友人がBさんという意味である。1億人もいる中から無作為に選んだ2人であるにもかかわらずである。以上は日本を例に説明したが、ミルグラムが実際に米国で行った実験は当時の米国の人口2億人においての結果である。

ネットワーク構造

このような、一見局所的な繋がりしかないと思えるネットワークが実は全体とも繋がりがあるような構造をスモールワールドと呼ぶ。詳細はダンカン・ワッツの書籍『スモールワールド――ネットワークの構造とダイナミクス――』（栗原聡他〈訳〉、東京電機大学出版局）」などをお読みいただきたい。そして、スモールワールド性を発揮させる上で重要な繋がり方は「ショートカット」とか「弱い紐帯」などと呼ばれる。簡単に言えば近道である。

ここで、ネットワーク全体を、友人関係のような局所的なサブネットワークの集合体として考えてみよう。お互いのサブネットワーク同士を接続する繋がりはない。もちろん、これでは全体的な繋がりはなく個々の局所的なネットワークの集まりに過ぎない。しかし、ここで全体のほんの数%というごく少数の繋がりを各局所ネットワーク間に張ってみる。すると、ごく少数であるにもかかわらず、それらをショートカットとして利用することで、

図11　スモールワールドネットワーク

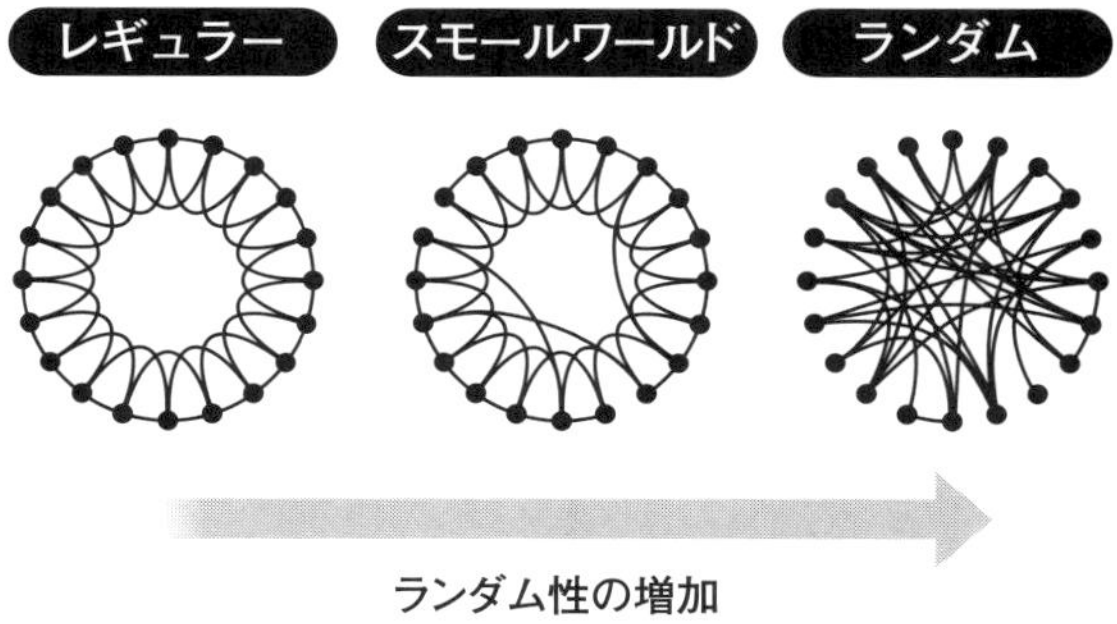

ネットワーク全体を容易に移動できるようになる。しかも、ショートカットとして新規に敷設した繋がりは全体の数％であることから、個々の局所ネットワークの局所性は維持されたままだ。これが、局所的なネットワークの集合体にもかかわらず、全体的なレベルでの繋がりもあるネットワーク構造の正体なのである。言われてみれば当たり前と思えるカラクリかもしれないが、このネットワーク的特性が詳細に分析され始めたのは１９９０年代と、比較的最近のことなのだ。

図11を見て欲しい。左のレギュラー型は、各ノード（集合点）が近隣のみとしか繋がっていないネットワークの典型例だ。この図だと、各ノードがそれぞれ自分の両隣2個の合計4個の頂点とのみ繋がっている。このようなネットワークだと、遠く離れた

ノードまで移動するのに、多くのノードを経由しないと到達できない。そして、従来の人間ネットワークはレギュラー型だと考えられてきた。各自の持つ友人は国の人口に比べてはるかに少なく、局所的な友人グループの集合体のようなイメージだったのだ。

右のランダム型は、各頂点がそれぞれランダムに他の頂点と繋がっている。これだと、隣同士の頂点が近くだから繋がりやすいということはなく、皆バラバラだ。しかし、どの頂点に移動するにしても、比較的簡単に少ない頂点を経由して移動できる。

これに対して、中央のネットワークをよく見ると、左のレギュラー型のネットワークでの辺のうち、3本だけ張り替えられているのが分かる。実はこれこそがスモールワールド型のネットワークなのである。レギュラー型のネットワークの辺の総数のほんの数%だけを張り替えるだけである。しかし、この、ほんの数%の辺の張り替えで、これが驚くべき性質を発揮するのだ。

数%しか張り替えしてないので、大半の頂点は自分の隣人関係に変化はないものの、たかが数本の張り替えでも、張り替えられた辺がショートカット（近道という意味）の役割を演じてくれるため、一気に、他の頂点の移動もしやすくなる。これがスモールワールド型のネットワークなのだ。

そして、スモールワールドと並んで有名なネットワーク構造に、スケールフリーネットワークがあり、このような特徴的なネットワークを総称して複雑ネットワークと呼ぶ。

さて、先ほどの蛍の発光の同期現象を思い出していただきたい。同期現象を起こす仕掛けこそ、このスモールワールド型のネットワークだ。そう、個々の蛍が他のどの蛍の点滅に反応して自分が点滅するのか、という参照関係のネットワークがスモールワールド型になっているのである。

ほとんどの蛍はお互い局所的な仲間の点滅に反応して点滅するから、局所的な蛍の集団においてはウェーブとなる。しかし、局所的な集団を構成する蛍の数はそう多くないことから、ほどなくしてウェーブから同期に移行することが可能だ。そして、蛍全体がスモールワールド型ということは、局所的な集団内に極少数だが、他の集団の蛍が偶然見え、その蛍の点滅に反応できる蛍が存在することを意味する。

数万匹の蛍が密集する状態で、全体が同期して点滅するためには、少なくとも両端の蛍同士が同期できる必要があり、そのためには、両者が直接相手の点滅を見ることができることが必要だ。しかし、多くの蛍が密集した状態では、右端の蛍が点滅しても、その点滅はすぐ隣の蛍の点滅に伝わるだけで、右端から左端の蛍に点滅のウェーブが発生するだけと思われる。しかし、いかに蛍が密集しているとしても、均等に位置しているわけではない。木の枝の向きや形、葉の付き方にもムラがあるからだ。しかし、うっそうとした深い森でも、太陽の光は、木々の隙間から差し込むことがある。

これに近いことが、蛍の集団にも言える。両端に位置する2つの集団であっても、数匹の蛍がたまたま木の枝や葉の位置関係において隙間があり、左端の集団の蛍が、右端の集団の蛍の点滅を直接見ることができれば、両端に位置する蛍同士であっても容易に同期できる。この隙間を通して直接相手が見える関係こそがスモールワールドにおけるショートカットになっている。

このしくみにより、本来ならば局所的な反応しかできない蛍の集団であればウェーブしか発生しないはずが、実際には短時間で同期的点滅に至ることができる。まさに、数万匹の蛍が同期するという知的な能力の創発にネットワーク構造が重要な役割を果たしているのである（図12）。

そして、人という、現時点において最も知的能力を発揮する生物のその高い知能も、蟻や蛍のような群知能によって創発されている。前述のように、我々の脳はおよそ1500億個、人体では60兆個という膨大な数の細胞で構成されている。一つ一つの細胞もさらに

図12　蛍が同期に至る過程の一部

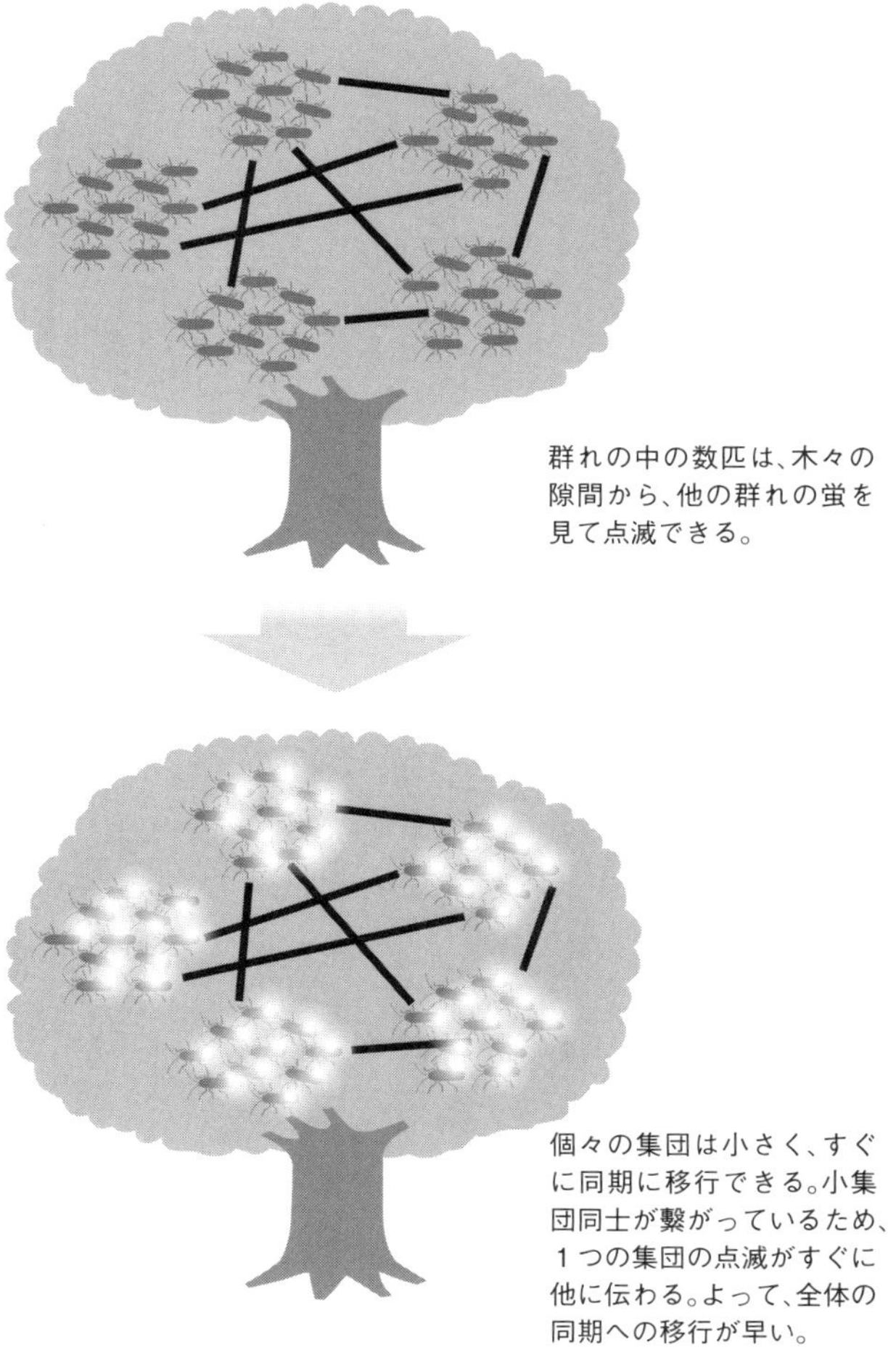
群れの中の数匹は、木々の隙間から、他の群れの蛍を見て点滅できる。
個々の集団は小さく、すぐに同期に移行できる。小集団同士が繋がっているため、１つの集団の点滅がすぐに他に伝わる。よって、全体の同期への移行が早い。

微少なパーツから構成されているが、ここでは細胞を最小単位とする。個々の細胞も基本的にはそれぞれ自分が生きるための活動をしているだけであり、個々の蟻と変わりはない。しかし、そのような細胞が集まることで全体として見た時に、個々の細胞では実現不可能な臓器としての特別な機能を創発し、さらに能力の異なる臓器が集まって知性を持つ人体という1つの生命体を創発させる。人を始めとする生物は群知能型のシステムなのである。

繰り返すが、蟻の群れが行列を創発することと、細胞が群れて人体を形成して知能を創発することとは、基本原理は同じである。もちろん、原理は同じであっても、群れる規模や複雑さは人と蟻ではあまりに違いすぎるが、人のような知能を創発させる基本原理が蟻と同じということは極めて興味深い。

そして、人が脳にて知能を創発させるしくみとしては、前述の蟻の群れが行列を創発させるしくみに加えて、蛍の同期の創発のしくみである特徴的なネットワーク構造も重要な要素である。脳自体が、神経細胞の巨大なネットワークである。脳を構成する個々の神経細胞は他の神経細胞と軸索や樹状突起といった神経繊維で結合された、大規模複雑ネットワークを形成している。そして、このネットワークの構造が蛍の同期点滅の例でみてきたようなスモールワールド構造なのである。

脳は単に神経細胞同士がお互いにランダムに接続されているのではなく、大脳・小脳・海馬・扁桃体などといったいくつかのパーツから構成されている、まさに人体が複数の臓器の集合体であるのと同じように、脳も複数の部位の集合体なのだ。

個々のパーツはそれぞれ異なる能力、すなわち、記憶や認識、情動などの役割を持ち、それらが集まり互いに連携することで脳全体としての機能を創発させる。蛍の同期であれば、個々の局所的なグループが大脳や小脳であり、それらがショートカットの役割を持つ神経細胞同士によりお互いに接続されることで、脳全体としてのネットワークを構成している。もちろん、進化の過程でこの構造が生み出され、幸運にも高い知能を生み出すことができることで、自然界で生き残ることが可能になったということなのだ。脳においても、スモールワールドというネットワーク構造が知能を創発させるための重要な仕掛けなのである。

いかがであろうか？　我々自身、そして身の回りの生き物たちは、我々がこれまで発展させてきたトップダウン型の科学技術とは根本的に異なるしくみで、この地球環境に適応することに成功しているのだ。膨大な数の細胞というパーツで構成されており、しかも極めて完成度が高い。

しかし、現在の我々が持つ技術レベルでは、生命のような複雑なシステムをゼロから設計、構築することはまだまだ難しい。となれば、「生命システムの特徴や構造を真似ればいいのでは？」と考える人もいるかもしれない。無論、これも極めて難しい問題であるものの、真の人工知能を実現するためには、この課題を解決することが必要だと筆者は考えている。

人を超える人工的な知能は生まれるか？

以上、蟻や蛍、そして我々人のような生命システムの素晴らしさを述べてきたが、すべては進化による結果論であり、結果的にでき上がったシステムなのである。このように書くと、いかにもいい加減な主張に聞こえてしまうが、進化には絶対条件がある。それは、地球環境に適応し種を保存させるという大目標である。この大目標を達成するため、これまで進化は途方もない種を生み出してきた。そして、たまたま今、地球上で最も知性の高い生き物として我々人類が存在している。ただそれだけのことなのである。

我々人類が今後何億年も地球上で繁栄しているとは思えないし、我々が進化するのか、または別の種が人類に代わって繁栄していても不思議はない。生命が地球に縛られているという可能性も低いであろうし、さらに進化した生命は、我々のような有機体ではないのかもしれない。

そして、進化は、地球環境に適応できることを報酬として、より高い報酬をもらえるようなシステムをデザインするしくみと見ることができる。これは前述した教師なし機械学習である強化学習と似ている。しかし、ロボットにちょっとした作業を強化学習で習得させるだけでも多くの時間を要することから、新しいシステムそのものをこの枠組みで生み出すとなると、さらに途方もない時間がかかることが想定される。

地球上に生命が誕生してから人類に進化するまでに38億年もかかっている。しかも、我々が何らかのシステムを作りたいと望む時、それは何かしら具体的な用途があるわけで、これを進化に当てはめると、〇〇といった能力を持つ生命を作りたい、ということになる。進化の目的は地球環境への適応であり、そのためにさまざまな能力を生み出しては、より適応力のある能力を残し、そのような能力を持てなかった種は滅んできた。

人工知能開発ということになると、より具体的な能力や機能を持つシステムを意図的に進化させる新たな手法が必要となるが、そのための完成された理論体系はまだできてはいない。まさにこれこそが重要な研究課題なのである。このような研究は進化計算研究分野とか創発計算研究分野と呼ばれ、これも人工知能研究の重要なテーマである。生命のような複雑なシステムは機械学習のみで作ることなどできるわけがなく、そう簡単に人を超える人工的な知能ができるわけはないのである。

第4章

人工知能は人を殺せるのか？

道具型人工知能は人を殺すのか？

ここまで、我々生物が持つ知能、そして、それを人工的に作るとはどういうことなのかについて述べてきた。その理由は本章以降の話をするためである。人工知能という曖昧で読者それぞれの見方に大きな差が生じてしまう状態では、筆者の意図が届かない可能性が高いからだ。まだ曖昧な部分もあるだろうが、現在の「機械学習＝人工知能」というのはどうも狭い見方である、という感覚は持っていただけたと思う。

まず、本書のテーマである「人工知能は人を殺すのか？」という問いだが、結論から言うと、現在の道具型の人工知能、もしくはサールの定義である「弱い人工知能」であれば、人工知能が自らの意志で人を殺すという、ＳＦ映画のような状況は起きることはない。道具型の人工知能の動作はすべて人がプログラムとして書き込み、人工知能が自らの意志で動くように見えたとしても、それは、開発者が人工知能にそのような動きをさせるプログラムを実行させているに過ぎない。あくまで、人が人工知能を使って人を殺すのである。これは、これまでの科学技術と人との関係と同じであり、技術をよいことに使うも悪いことに使うも人次第、ということだ。

包丁職人を例に考えてみよう。ある日、殺人事件が起きたとする。凶器は包丁であった。しかし、包丁職人に対して、「料理はできても人を殺すことはできない包丁を作れ」、という事態にはならない。包丁を凶器として使用した人が悪いと考えるのが普通であろう。それと同じことだ。

ただし、筆者は人工知能という技術に対しては、人工知能を作る側においても、悪用されないための努力をすべきだと考えている。残念ながら、悪用されないようにするための具体的かつ有効な案が、筆者にあるわけではない。なぜなら、人工知能は広い意味ではIT技術であり、人がプログラムすることで作られる。そして、プログラミングは生物のクローン技術のような専門の施設や実験装置は不要であり、基本的にコンピュータがあればどこでも開発することができる。加えて、プログラミングは今や初等教育に組み込まれようともしている。

つまりは、人工知能の開発は誰でも比較的容易にできてしまうのだ。また、人工知能開発といっても、ゼロからすべてをプログラムするわけではない。

読者諸兄は、子どものころ、レゴブロックで遊んだことがあるだろうか。これはさまざまな種類のブロックを組み合わせることで家や車、動物の模型を作ることができるという玩具だ。そして、現在のＩＴ開発やＷｅｂシステム開発、そして人工知能開発もレゴブロックで模型を作るのと似たような工程で開発されている。

ディープラーニングを例に説明しよう。ディープラーニングという技術は1つの塊ではなく、画像認識用の技術や対話システム用の技術など、複数の技術の総称である。そして、個々の技術は一つ一つのレゴブロックのように、完成されたプログラムとして、オープンソースという形で公開されており、誰でも自由に利用することができる（このようなプログラムのことを「ライブラリ」と呼ぶ）。

つまり、ディープラーニングを使ったシステム開発は、すべてをプログラムするのではなく、既存のさまざまなディープラーニングライブラリをレゴブロックのように組み合わせる作業だ。しかも、昨今の人工知能の研究開発はオープン指向であり、自分が作成したプログラムを公開し、それを誰かがさらによいものにしてそれを公開するという文化が根付きつつあり、さらに開発を容易なものとしつつある。この考え方は集合知と呼ばれ、「三人寄れば文殊の知恵」の体現である。

とはいえ、高度な人工知能を開発するにはプログラムも難関なものになり、誰もが開発できるわけではない。しかし、二十歳に満たない若い天才棋士が出現するように、天才的なプログラミング能力を持つ子どもが出現してもおかしくない。そして、子どもは人として成長過程にあり、モラルや社会性を身につけつつある段階である。そのような、まだ善悪の概念も大人ほどには定着できていない段階で、興味本位で開発した人工知能が極めて高い能力を持ち、それが第三者に悪用される可能性もある。初等教育にプログラミングを入れること自体に異論はないが、プログラミングと同時に、技術者倫理などの教育をこれまで以上にしっかり行い、人工知能を作る側も使う側も、人工知能技術が極めて強力な能力を持つことを認識しなければならない。

自律型人工知能は人を殺すのか?

次に今後登場するであろう、自律型人工知能について考える。そして、自律型となると、人工知能が自らの意志で人を殺すことが起きる可能性がゼロではなくなってくる。ただし、自律型人工知能であっても、目的を与えるのは人である。よって、人を殺すような目的を与えなければ大丈夫だと言いたいところだが、そう簡単な話ではない。

なぜなら、自律型人工知能に与える目的は、床掃除をするとか食器洗いをするといった具体的なタスクではなく、家を綺麗にするといった抽象的なタスクであり、先ほど説明したメタ目的と呼ばれるものである。

掃除を例にとると、家を綺麗にするために、その場その場で具体的に何をすればよいのかを人工知能が自ら判断する能力が求められることになる。前述したように、これから来客があるのに、いきなり押し入れ整理を始められてもダメであろう。ぱっと見て部屋が片付いているような整理整頓をしてくれないと意味がない。人工知能がその場の空気を読むことができ、状況を深く理解した行動ができなければならない。我々人でも場の空気を読めないことによって失敗をすることがあるように、その場に適した行動をとることは難しい。それでも我々が状況に適応してなんだかんだとうまく行動できるのは、我々が「常識」という知識を持っているからである。常識とは、誰もが持っている当たり前の知識であり、特に重要性はないように思われるかもしれないが、自律型人工知能が場の空気を読む行動をする際に、なくてはならない極めて重要な情報なのだ。

「常識」を問う

例えば、「オフィスで働く人の仕事を快適にせよ」というメタ目的を与えられた人工知能が、数少なくなったホチキスの針を補充する場合、針を1万本も注文したとする。読者は「多すぎる。500本もあれば十分」と思われるかもしれない。

しかし、それはネット注文すると翌日には配達されるような都市部だからこその感覚である。離島で船便でしか届けられないような状況だと、一度にある程度の量を発注しておくことの方が好ましく、一回の注文で500本では効率が悪いかもしれない。このように、常識は固定化されたものではない。しかし、次のような深刻な問題も考えられる。

人工知能に「サポートするユーザーを快適にせよ」というメタ目的を与えたとする。そして、ある日、そのユーザーが誰かと喧嘩をして、人工知能がユーザーの感情を読み取り、不快な気持ちになったことを検知した途端、人工知能が喧嘩をした相手を殺してしまったらどうであろうか？　もちろん、喧嘩したくらいでその相手を殺すなどということが起きてはならないし、人工知能にそのような能力、そのような判断を導きだすようにしてはならないと思われるであろう。

けれども、それは、日本のような平和な社会だからこその常識なのではないだろうか？世界には、治安の悪い社会も存在するし、単なる話し合いでは解決しないことが明確である場合には、人工知能は何かしらの具体的な対応をとらざるを得ないこともあるかもしれない。このような場合、人工知能は自らの意志にて喧嘩相手を殺してしまってもよいのだろうか？

もっとも、このような難しい判断が要求される場面は平和国家である日本においても当たり前のように存在する。不法侵入者と鉢合わせになってしまい、殺害されてしまったという悲しい事件や、ちょっとぶつかっただけなのにカッとなって相手を殴り重傷を与えてしまった事件などのニュースを目にすることがある。このとき、前者であれば、その家に家を見守ることをメタ目的として、与えられた人工知能を搭載するロボットが、不法侵入者を検知し、その侵入者を放置すれば、自分がサポートするユーザーを殺害する可能性が90%と判断した途端、侵入者を殺害してしまってもよいのだろうか？　これは、客観的には明らかに人工知能が自らの意志で人を殺すことになるが、その判断の是非を決めるのはあくまで人である。

人工知能が解けない問題

この種の問題と類似する、よく引き合いに出される典型例に「トロッコ問題」がある。以下、人工知能が制御する自動運転車を例にとって説明する。道路の中央部に落下物があり、自動運転車が左右どちらかに避けなくては乗員全員が死ぬという状況に陥った。しかし、左の道を進んだ場合、2人の高齢者をはねてしまうことになり、右の道を進んだ場合は1人の子どもをはねてしまうことが避けられないとする。さて、自動運転車はどちらの道を選択すればよいのであろうか？　はねる人数を少なくするため、2人より1人をはねてしまうが右に行くのがよいのか？　もしくは子どもには将来があることから、左に行った方がよいのか――？

このトロッコ問題は、人工知能が今後社会進出する際に、人工知能が解けない問題としてよく引き合いに出されるが、このたぐいの議論にはそもそも意味がない。なぜなら、トロッコ問題は我々人も解けない問題だからである。この問題を解くには人に何らかの価値を付ける必要がある。生命保険などにおいては、年齢で死亡保険金が異なるなど、人の値付けをしているわけであるが、これが成立しているのは、その社会での価値判断基準において、その値付けが妥当であると妥協しているからだ。それは、人工知能の判断に対しても同様である。どちらの選択をさせるかは人工知能ではなく、人があらかじめ決めておかなければならないだろう。

とはいえ、人ではない自動運転車が人をひくことは許されない。よって、自動運転車の社会導入には反対の人もおられるであろう。自動運転車の場合、人をはねてしまった時の責任はどうするのかという問題が、現在いろいろ議論されてもいる。だが、高齢者の運転による逆走事故がなくなり、スマホなどのよそ見による事故、飲酒による事故など、人の不注意による事故が、自動運転車の普及により一掃されることで、交通事故が圧倒的に減少する現実に対峙した時はどうか。我々は間違いなく、自動運転車が交通事故を起こす、ごくわずかなリスクを甘受して、自動運転車を受け入れるはずだ。

人工知能が自らの意志で人を殺すか？　という問いに対しては、道具型人工知能であれば、それは起きないものの、今後登場する自律型人工知能であれば自らの意志で人を殺す可能性はある。それは絶対の禁忌ではなく、人工知能が導入される社会の「コンセンサスが得られる限り」においては、人を殺してもよいということなのだろう。

もちろん、前述したトロッコ問題であれば、そもそも自動運転車が二者択一を選択しなければならない状況に至らないようにすればよい。我々は人工知能が人を殺すことにならないようにするための最大限の努力をすべきなのであり、自律型人工知能を開発できる高い技術力があるのなら、それは十分に可能なはずだ。

完全なる自律型人工知能は危険か？

本書での自律型人工知能における「自律性」は、生物のように自らが自らを生み出すという完全な自律型という意味ではない。人工知能は、あくまで人が生み出した科学技術であり、人のために役立たせる技術である。生物は生まれながらにして「生きる」という目的を持っているが、自律型人工知能が存在する目的は人が与えるのである。

前述したように、メタ目的を与え、適切な具体的な行動を選択できなかったとしても、メタ目的を達成するという制約から逸脱した行動をとることはないが、もしも、人工知能が自分に与えられたメタ目的自体を自ら書き換えてしまうようなことがあると、厄介なことになる。まさに映画『ターミネーター』に登場するスカイネットシステムのような、人工知能が自らを動作し続けるために、電力の確保を優先させ、電力を無駄に消費する人類を排除しようとする、といった展開が起こらないとは言い切れなくなる。

では、そもそも人工知能が自ら与えられた目的を書き換えるといったことが可能なのであろうか？　答えはイエスだ。数ある人工知能技術の一つに「進化的手法」がある。

進化的手法とは何か

進化的手法とは、生物が種を保存させるために地球環境に適応し、その形態や能力を変化させるしくみである「進化」のしくみを真似た方法だ。

簡単に説明すると、まず、生物の進化における主役は生物の設計図である遺伝子だ。生物は親が子孫を残す際、オスとメスの遺伝子を組み合わせて子の設計図となる遺伝子を生成する。そして、その子どもが親になり、それがオスであれば、別の親から生まれたメスとペアとなり、新たな遺伝子の組み合わせを生成し、子を作る。このようにして、種は膨大な遺伝子の組み合わせを試し、より生存に適した子孫を生み出そうとする。そして、遺伝子を組み合わせる際、想定外の組み合わせが起きてしまうことがあり、これは突然変異と呼ばれる。この突然変異により飛躍的な形態や能力の変化が起き、それが種の保存に有効であれば、以後は突然変異によって生まれた遺伝子をベースとして新たな進化のための遺伝子の組み合わせが何世代にもわたって繰り返される。

人工知能技術における進化的手法も、生物の進化と同様だ。作りたいシステムの設計図を遺伝子配列のように表現し、さまざまな遺伝子の組み合わせに基づいてシステムを作り、そのシステムの能力をチェックする。そして、ある水準以上の優秀なシステムを複数選び出し、それらから無作為にペアを複数作り、ペアごとにそれらの遺伝子を組み合わせて新しい遺伝子を生成する。親が子を作るのと同じ要領である。

そして、世代を繰り返してより優秀な遺伝子達の組み合わせを生成させる。その際、生物と同様に遺伝子を組み合わせる際に意図的に突然変異を起こし、想定外の変化を起こさせる。これは、まれに飛躍的に高い能力を持つ遺伝子が生み出される可能性があるからだ。無論、突然変異させたとしても、適応力のない遺伝子が生成されればその遺伝子は捨てられてしまう。

しかし、優秀な遺伝子を残すための水準は人が設定する。つまり、突然変異を起こし、優秀な遺伝子が生み出されたとしても、人が求める水準に合致しない遺伝子はやはり捨てられてしまうため、進化的手法であっても、基本的には人の制御下にあることには変わりはない。

ただし、突然変異により生み出された遺伝子において、人の設定した水準を超えるだけでなく、人が想定しない能力も持つような遺伝子が生成されないとは限らない。そして、その想定外の能力により、自らの目的を変化させることが起きてしまうかもしれない。まさに生物が種を絶やすことがないように、しぶとく進化するのと同じである。毎年冬になるとインフルエンザが流行する。新しい薬も作り出されるが、最初はよく効くものの、早々に耐性力を持つウイルスが発見される。ウイルスは生物ではないが、生物と同じ進化の方法により能力を向上させる。インフルエンザウイルスとしても、絶滅しないよう環境の変化に適応できるよう進化する。しかもそのスピードが極めて速い。

ガイドラインの必要性

進化的計算もコンピュータで実行されることから進化の速度は速く、場合によっては人の制御下から逸脱する可能性もないとは言えない。では、我々はどうすればよいのか？万が一にも究極の自律性を持つ人工知能を作り出すことがないようにするために、今すぐにも人工知能の研究開発をやめるべきなのであろうか？

2018年3月に他界した理論宇宙学者のスティーブン・ホーキング博士など、人工知能の危険性を指摘する有識者も多いが、現実には研究開発を取りやめるのは難しい。産業革命以降、人類に多大な恩恵をもたらしているさまざまな科学技術の中でも、2000年以降ひたすら発展しつつあるインターネットやIT技術がなければ、我々は今や生活できない状態となっている。つまり、それらの延長線上にある人工知能技術がもたらすだろう恩恵を、我々が手放すことはまずできないであろうということだ。とはいえ、生物レベルの高い自律性と汎用性を持ち、自らメタ目的を書き換えてしまうような人工知能の開発となると、慎重にならざるを得ない。国際的に何かしらのガイドラインを策定し、各国がそれに従うといった流れになるのかもしれない。

現在、国際的な協調としてすべての国が一線を越えないようにしている事例がある。それは、「人のクローンを作らない」である。日本においては、平成12年に「ヒトに関するクローン技術等の規制に関する法律」が制定されている。

生物の成長は、最初はたった1つの細胞からスタートする。細胞分裂を繰り返すことで成長するが、その際、目や骨、心臓や脳といった、個々のパーツ用の細胞に分かれていく。iPS細胞や幹細胞は、まさに最初の細胞に相当するのである。したがって、さまざまな細胞に分化させることで、医療に役立つことが期待されている。

ところで、なぜ、「分化」させているのだろうか。iPS細胞や幹細胞は、最初の細胞だから、ラットの幹細胞をそのまま手を加えずに成長させればラットになる。これは人の幹細胞においても同様である。しかし、あえて特定の種類の細胞に分化させている。これは、なぜかというと、人のクローンを作ることを意図的に避けているためだ。

なぜ、人類は人のクローンを作ることはしないのであろうか？　自分が病気となり、胃を摘出することになったとしても、自分のクローンの胃を移植すれば拒絶反応もなく、新品の胃になるのであるからこれは多大な利便性をもたらすことは間違いない。

しかし、その代わりにクローンの方が胃を摘出され、死んでしまうだろう。クローンだから死んでしまってもよいのだろうか？　クローンだって我々と全く同じ構造を持つ生物であり、人である。移植云々以前の問題である。2005年に作られたSF映画『アイランド』では、人のクローンと臓器移植をテーマにしているが、まさにこの世界の話だ。

そして、生命を科学的に作り出すこと自体に対するさまざまな意見がある中、ドリーと名づけられたクローン羊のように、すでにクローン動物は作られている。そのことで多くの知見が得られているのは事実である。それが人類にとっての未来の医療に活用されるであろうことも大いに期待される。

この観点からすると、なぜ、羊ならよくて人だとダメなのであろうか？　という疑問が生じる。この線引きに明確な定義などはないだろうし、単に、動物は複製してもよくて、人間はダメだという、人間中心の考え方によるものなのであろう。

人間力こそが要

ある意味で人の勝手な考え方であるとはいえ、人類は人のクローンは作ってはならないという線引きはできている。では、よくも悪くも強大な力を持つ完全なる自律型人工知能に対して、国際的な合意にて開発を禁止することができるのであろうか？　残念ながらそれは不可能であろう。前述したように、人工知能はＩＴ技術であり、ｉＰＳ細胞を使った実験のように、極めて高い専門性と高度な実験室などは不要で、誰でも作ることが可能なのだ。

人工知能の研究開発に携わる人々は、単に自分の目的のために突き進むだけでなく、今後登場するであろう人工知能がどのような能力を持つのか、そして、平和利用した時だけでなく、悪用された時にどのような悪影響が発生する可能性があるかを理解してもらうための努力も必要だ。

そのために、人工知能を利活用する際のガイドラインを策定することは重要であり、これまで日本においても、総務省に設置されたＡＩネットワーク社会推進会議で、取りまとめられた「ＡＩ利活用原則案」や内閣府での「人間中心のＡＩ社会原則」などにおいてガイドライン案がまとめられている。しかし、法律的な拘束力はない。次章で述べる自律型致死兵器開発についても、現実に数カ国で行われているし、どのような人工知能開発をしているかを明かさないステルス企業（外部に事業公表をしない企業）も存在する。

　このような時代において、人工知能を使用するには、高い人間力が必要である。社会が多様化し、人びとの関係も複雑化する中で、利害にからむアポリア（難題）は増加している。人工知能では判断できない問題が多く存在する。そのためには、共感や寛容といった人間本来の力を持って、議論を深め、さまざまな方法を探って解を導くようにすべきだ。そうした上で、人工知能は本来の役割を果たすだろう。

　しかし、今の時代、人間力は低下の一途を辿り、人間社会そのものが基盤から壊れつつあるように思える。本来、我々は多様性を受け入れる知性や感情の抑制力を備えていたはずだが、いまや同じ意見の仲間同士でまとまって、異なる意見を持つ人々との間に壁を作ってしまう傾向が顕著になっている。人間社会における同質性が高まり、不寛容が浸透しつつあるということだろうか。

　我々は、お互い助け合う社会であるべきと建前では言うものの、本音は譲り合いよりも自分の権利を主張する。人間という生き物は社会を作り、多様性を発揮することで生きながらえてきた種だが、その人間が本来の社会性と多様性を失いつつあり、極端な言い方をすれば種が絶滅する方向に突き進んでいるとしか思えない。人工知能が強力になることが脅威なのではなく、人間が本来の社会性を失いつつあることの方が危険なのである。

本来の人間力を取り戻すのは簡単ではないが、初等教育に期待できるところは多いだろう。2020年に小学校でのプログラミング教育が義務化される。ITリテラシーに関する知識を皆が持つべきである、という主張を否定するつもりはないが、筆者としては、プログラム能力を育むよりも、しっかりした社会性やモラルを身につけることの方がはるかに重要であると考えている。

それは、道徳や倫理といった授業で教師から教えられる能力ではない。多くの人と接しながら自然と身につける能力、即ち、人とのコミュニケーション能力や共感力など、本来、人が「社会」という環境で生きる上で持っておきたい能力である。常に自分と同じ考えを持つ人たちとだけ接するのではなく、時には異なる意見を持つ人と議論することも必要であろうし、程度の問題はあるが、ケースによっては、喧嘩も重要なコミュニケーションの一つと言えよう。体罰を正当化することはできないが、悪いことをすれば叱られる。負の報酬を受け取るからこそ、悪いことをしなくなるよう学習する。以前は負の報酬として痛い思いをすることも時にはあった。現在の我々はいろいろな意味で、弱くなりつつあるように思えてならない。

人工知能を研究している筆者が言ってしまっては本末転倒であるが、多少、技術進化を迂回させることになっても、まずは、本来、人が持つべき当たり前の能力を育み、人間が本来の社会性を取り戻すことが必要なのかもしれない。このことについては一国だけではなく、国際的な協調も重要だ。世界中で分断が進む中、喫緊の問題である。

以下の章では、グローバルに開発が進む「キラーロボット研究開発」の現状について述べ、日本が果たすべき役割を探っていく。

第5章

キラーロボット研究開発の現状

キラーロボットとは？

科学技術の平和利用と軍事利用は表裏一体であり、兵器を使う側の論理として「平和を守る上で必要」という理由があれば人は開発する。これが現実であり、昨今、人工知能の兵器としての利用についての議論が非常に盛り上がっている。しかし、科学技術の進展は常に軍事利用と、いわば二人三脚であるのは自明にもかかわらず、なぜ現在において特に大きな議論になっているのであろうか？

国連でも自律型致死兵器システム（LAWS：Lethal Autonomous Weapon Systems）の研究開発を国際的に禁止するための条約制定に関する会議が開催されるに至っている。それだけこれまでの科学技術に比べて、人工知能が軍事利用された時の破壊力は大きいとの懸念が広がっているということだろう。しかし、必ずしも、現在の人工知能、そして今後登場するであろう自律型人工知能の実体を理解した上での懸念と言い切れない感もある。これまでも述べているように、漠然とSF映画の『ターミネーター』のような兵器を想像されてしまうと、現実的な議論ができない。

以降、筆者の考えに基づいて、科学技術のレベルに準じて兵器を分類してみる。

タイプA：半自動型兵器

ブリタニカ国際大百科事典によれば、兵器とは「狭義には殺傷破壊力をもつ軍用の器具をいい、広義には重要な軍用の器具装置類の総称」とある。半自動型兵器は、攻撃対象は人が設定し、トリガーも人が引くものの、その途中過程の多くが自動化された兵器。これには、米国の海洋発射巡航ミサイルであるトマホークなどが該当する。戦争映画でも度々登場するが、艦艇や潜水艦などからミサイルのように発射されると、飛行機のような翼と先端に搭載されたカメラなどを使い敵のレーダーに察知されないような低空飛行で目的地まで自動飛行し、最後は爆発して攻撃対象を破壊する。その際、最後に攻撃目標を破壊するかどうかのトリガーは人がかけるのが半自動タイプだ。

見た目には自律性があるように見え、直接操作感は薄れるものの、人が人を攻撃するタイプであることには変わりはない。いちいち加熱時間を設定する必要がある電子レンジのような家電と同じである。加熱自体は電子レンジが行うが、どれくらい加熱するかなどの操作は人がやらねばならない。現在において使用されている兵器は、このような半自動型であり、さまざまな部分で自動化が進んでいるものの、基本的に人の操作なくして運用することはできず、自律型兵器開発の禁止に向けた議論における兵器には含まれない。

米国では、ATLAS(Advanced Targeting and Lethality Automated System)と呼ばれる人工知能を搭載し、自動的に標的を発見し、それを追跡して攻撃態勢に入ることができる自動戦車を開発中である。最終的にトリガーを引くのは人としているものの、ほとんどの工程が人工知能により高速に行われることから、従来よりも数倍早く索敵(敵軍の位置・状況・兵力などを探ること)が可能になるとのことである。この自動戦車は人がトリガーを引くことからタイプA型になるが、トリガーも人工知能が引くようにすることは技術的には容易だ。すなわちすべての工程を人工知能が行う兵器が次に述べるタイプB型である。

タイプB:自動型兵器

現在、開発を禁止しようと議論されているのはこれから述べるタイプB以降の兵器だ。トリガーを人ではなく人工知能に引かせるタイプである。どのようにして攻撃対象を見つけ、どのタイミングでトリガーを引くのかのすべてがプログラム通りに実行される。例えば、搭載されたカメラからの画像を人工知能で分析し、攻撃目標を発見次第、火器を発射する、といったプログラムである。あくまであらかじめプログラムされた通りの動作しかしないことから、自律兵器ではなく自動兵器と捉えた方が実体に合っている。

ここで注意すべきは、プログラムに従って動作するといっても、確実に意図した通りに人工知能が動くとは限らないということである。カメラ画像を分析して攻撃対象を索敵する人工知能には最新の技術であるディープラーニングが利用されている。

前述したように、ディープラーニングは機械学習法の一つであり、大量のデータを使って学習を行い、学習結果に基づいて動作する。データを読み込むプログラムや学習させるプログラムなどは、無論のこと人が書かなければならない。しかし、人が書いたプログラムは学習させる部分のみであり、その学習プログラムにどのようなデータを読み込ませるのかにより、学習結果が大きく影響を受けてしまうのだ。これは「人工知能バイアス問題」と呼ばれるもので、詳しくは平　和博氏『悪のAI論　あなたはここまで支配されている』（朝日新書）に詳しく解説されているが、人工知能が人種差別をするとか、人事評価で男性を高く評価しやすくなる等といった問題のことである。前者の場合は、人種によっては人を動物と認識してしまったという事例が有名である。

どうして人工知能がこのような偏った判断をしてしまうのかというと、その原因として2つの可能性が考えられる。1つ目は、例えば人工知能のアルゴリズムに男性を優遇するような仕掛けが入り込むことで生じるバイアスだ。それはバグかもしれないし、プログラマーが意図的に仕込むことも考えられる。しかし、これらは開発段階での入念なチェックにより技術的に回避できる可能性がある。

これに対して、もう1つの可能性がアルゴリズムは正しいものの、人工知能に学習させるためのデータを人が準備する際にバイアスが入り込むことだ。

極端な言い方をすれば、データ側に問題があり、人工知能自体は「悪くない」といえる。機械学習型の人工知能にとってはデータがすべてであり、少ないデータ量では学習も未熟なものになってしまうし、偏ったデータを与えれば、当然学習結果も偏ったものになる。プログラムは完璧であっても、データが不完全なものであれば、その人工知能は想定通りの動作をすることはできない。ましてや兵器において誤った判断により攻撃対象を間違えるようなことがあってはならない。無論、開発現場においては十分な、そして想定する動作を学習できるデータを用意しているはずである。

データについては、偏りの問題に加えて量の問題も存在する。人工知能が学習する上で、十分なデータ量とはどれくらいなのであろうか？　これは自動運転車の開発においても当てはまる悩ましい問題なのだ。答えは「限度は分からない」なのである。前述したカメラ搭載自動兵器であれば、極端な言い方をすれば、その兵器が遭遇するだろうすべての状況でのカメラ画像を使って学習すれば、その兵器は100%正確に攻撃対象を認識できることから、想定通りの動作が保証されるであろう。

しかし、現実にはそのようなデータをすべて収集することなど不可能だ。この、「人工知能は現実に起こりうるすべての状況には対応できない」という問題は「フレーム問題」と呼ばれる。結局、現実的に最大限に集めることができるデータを使っての学習にならざるを得ない。やはり注意すべきはどのようなデータを集め、人工知能に学習させるかである。そして、そのような有限のデータにて学習された人工知能であっても画像認識においては、すでに人よりも高い精度を発揮するレベルとなっている。

タイプB1：用途限定型の人工知能を搭載した兵器

さて、プログラム開発も学習工程も正常に完了したタイプB型は、プログラム通りに自動的に動作するわけであるが、自動化されるレベルにおいて2つの段階、タイプB1とタイプB2に分けることができる。タイプB1は、いわゆる用途限定型の人工知能を搭載した兵器において、ミサイルのような単機能の用途を限定された兵器が自動化されたレベルである。半自動型兵器であるトマホークのような、ミサイルという機能のみを持つ兵器が攻撃対象に自動接近し、最後に爆発するまでのすべてを自動的に行うようになると、このタイプB1型兵器ということになる。そして、実はタイプB1型の兵器はすでに存在している。それは、イスラエルが開発した、「ハーピー」と呼ばれる無人攻撃機である。自爆型ドローンなどとも呼ばれ、イスラエルの政府系軍事企業であるイスラエル・エアロスペース・インダストリーズ（ＩＡＩ）社が開発した。

攻撃対象と、その攻撃対象近辺のエリア情報は人が入力する必要があるが、発射してしまえば、地上からの遠隔操作は不要で対象空域を旋回して標的を自動で見つけ、追突して自爆する。攻撃対象は人が設定する必要があるが、ほぼ完全な自動型兵器と呼んでもよいだろう。

タイプB2：低汎用型人工知能を搭載した多機能型の自動化兵器

これに対し、次の段階であるタイプＢ2が、これまでに述べた低汎用型人工知能を搭載した多機能型の自動化兵器である。現時点ではこのタイプの兵器が実現したという情報は得られていないが、これに近いものとしては、ロシアのカラシニコフ社が開発中の「サラートニク」などはタイプB２型の一歩手前の段階であろう。小型の戦車のような形で、搭載するカメラからの映像を人工知能で分析し、攻撃対象を自動識別し、人の操作なしで自動的に攻撃することも可能とのことである。ドローンのような飛行型の兵器と異なり、地上型兵器はさまざまなセンサーや火器を搭載できることから汎用性が向上し、状況に応じた臨機応変な索敵や攻撃が可能となる。

タイプB型は、プログラムされた通りに動作する点ではタイプA型と同様であるが、見かけ上、自らの意志で巧妙に作戦を実行する兵器に見え、さらに最後のトリガーを引く行為も兵器自体が行うことから、人にとっては極めて脅威な存在となろう。

そして、タイプB１にしろB２にしろ、戦闘においてトリガーを引く兵士は存在せず、人工知能を搭載した兵器が自動的に攻撃することから、もはや人対人の戦いではなく、人は機械に殺されることになるのだ。戦争に人の尊厳もあったものではないが、人対機械の戦いにおいて、機械が人を殺すなどという状況に人の尊厳が存在するはずがない。よって、自律型致死兵器システム開発規制に関する議論においては、まずはタイプB型兵器の研究開発を禁止できるかどうかが、大きなポイントであろう。

トリガーを引くのは誰か？

そして、見落としがちなのが、タイプB型とした自動型兵器は機械がトリガーを引くが、それはトリガーを引くようにプログラムされている、ということである。では、誰がプログラムしたのかと言えば、それは、人工知能開発エンジニアなのである。つまり、人工知能がトリガーを引くといっても、それはそのようにプログラムされているだけのことであり、トリガーを引くのがエンジニアになったということなのだ。従来の兵器を含めタイプAまではトリガーを引くのは軍人である。しかし、タイプBの場合、結果的にプログラムを書く民間人であるエンジニアがトリガーを引くことになってしまう。直接現場でトリガーを引かないから問題ない、ということにはならない。

ここで例えを出してみよう。朝、ある一般家庭で軍人の父親が仕事に出かける。勤務先はとあるビル。仕事場に入ると目の前にモニターがある。映し出されているのは攻撃目標まで自動飛行するトマホークからのリアルタイム映像だ。そして、攻撃目標に到達したことを確認し、トマホークを起爆させるためのトリガーボタンを押す。任務は完了、そのまま部屋を出て帰宅する。もはや兵士は最前線にいる必要はなく、命の危険もない。トマホークのように自動化され遠隔操作が可能な兵器を使った作戦は兵士にとって好ましく思えるが、実際はそうでもないようである。「日常生活」と「戦闘の最前線」という全く異なる2つの世界が同居する状況が兵士の精神に大きなダメージを与えるという。訓練された兵士でさえダメージを受けるのであるから、直接、戦闘にかかわらないとはいえ、民間人であれば、攻撃で人を殺したと知れば、さらに大きな精神的ストレスを感じるに違いない。自分が書いたプログラムにより人を殺すことになるのだから。

暴走ではなく、「誤動作」である

前述したように、現在その使用を禁じようとしている自律型致死兵器システム（LAWS）は「自律型」というよりは「自動型」と表現する方が相応しい。どのように攻撃するのかプログラムされているからであり、スイッチ1つで部屋の温度を一定にしてくれるエアコンと基本的に同じだからだ。よって、万が一開発時に想定していない状況に遭遇してしまうとその兵器は対応できない。対応できない場合には動作を停止させるように設計されていればよいのだが、懸念されるのが、人工知能が未知の状況に遭遇した時に想定外の動作をするなど、我々から見ると人工知能が暴走したように見え、場合によっては不測の事態を起こしてしまうかもしれないことだ。しかし、それでもこれは単なる誤動作に過ぎない。
人工知能技術が注目される以前から、情報機器が設定された通りに動作しない状況を「暴走」と研究者はよく表現するが、デジタル大辞泉（小学館）によると、暴走の意味は、「規則を無視して乱暴に振る舞うこと」「周囲の状況や他人の思惑を考えずに自分勝手に物事をおし進めること」「機械や装置が制御できない実行状態になること」が示されている。最初２つの意味では、暴走する主体が自らの意志で暴走するのに対し、３番目は、暴走する主体の誤動作を意味する。

これまでのＩＴ技術、そして現在の人工知能技術は道具型であり、自律性は持たないことから、人工知能の暴走といっても３番目の意味が該当する。しかし、これまでの議論にあるように、一般社会がイメージする人工知能は自律性を持つロボットであることから、人工知能の暴走となると、恐らく最初の２つの意味として捉えられてしまっている。これも誤った認識である。

デミス・ハサビス氏（Demis Hassabis、１９７６年7月27日〜）が率いる、Ｇｏｏｇｌｅ傘下のＤｅｅｐ Ｍｉｎｄ社が開発した囲碁ソフトＡｌｐｈａ ＧＯが２０１６年3月にトップ棋士イ・セドル（李世乭）九段と対局、４勝１敗で勝利した際、第４戦でＡｌｐｈａ

GOが負けた時、人工知能が暴走したという報道が散見されたが、あたかも乱心しての暴走といったようなニュアンスであった。しかし、当のAlpha GOにしてみれば、暴走などではなかった。その時の相手の攻撃に対する対応策が未学習の部分であったことから、サイコロを振って次の手を決めたような形になっただけだ。ご乱心したのでも、自らの意志でデタラメな手を打ったわけでもない。起きた現象を正しく捉えなければならない。このような間違った理解の積み重ねの結果として、人工知能の研究開発をすべて停止することになってしまっては本末転倒であろう。

ここまで自動型兵器としたタイプBについて述べてきた。繰り返すが、タイプBではその動作はすべて人が設定することから、決められた動作しかしない。プログラムが大規模化、複雑化すれば、プログラムミスであるバグも生まれる可能性も増すが、プログラムの完成度が向上すれば誤動作も減るだろう。しかし、我々にとって大きな脅威となる兵器がある。それがタイプCの集団自動型である。

タイプC：集団自動型兵器

自律性は持たない人工知能が搭載されたタイプBの兵器は、人道的な問題を考慮しなければ、兵士が最前線に行かずとも、自動的に作戦をこなすことから軍としては魅力があるのは当然だ。そして、軍にとって何より重要なのは指揮系統の確実性だから、トップレベルでの命令を最前線において着実に実行できるタイプB型は扱いやすいと思えるが、実はそうでもない。ネックは、複数のタイプB型兵器を作戦に投入させる場合である。そもそも軍事行動においては単独での作戦よりも、複数の兵器や兵士が連携しての作戦の方が通常であろう。つまり、タイプB型は単独での作戦実行用の兵器であり、通常は、複数のタイプB型兵器を集団として利用する形態が想定される。その際、タイプB型にはない新たな機能を追加する必要がある。それがタイプB型同士の連携機能である。そして、この連携機能が付加された集団で作戦を実行するタイプB型のことをタイプC型（集団自動型兵器）と呼ぶことにしよう。そして、この連携機能が想定外の問題を引き起こす可能性があるのだ。

読者諸兄は、フラッシュクラッシュ（Flash Crash）という言葉を聞いたことはあるだろうか？　これは株価や相場が瞬間的に急落する現象のことである。そして、フラッシュクラッシュが発生する主たる要因として、人工知能による超高速売買があると考えられている。現在は株の売り買いは、人だけでなく、人工知能によっても行われており、その割合は5割を超えていると言われている。

株取引において、「○○の条件が合致すれば□□の株を△△円売る」といったように、どのタイミングでどの株を売り買いするのかを決めるアルゴリズムをもとに、人工知能が実行する。ただし、アルゴリズム通りに売り買いを行うことから、この人工知能はタイプB型に相当する。「自動的に引き金を引く部分」が、「自動的な株の売り買い」に該当する。

どんなにアルゴリズムが複雑であっても、そのアルゴリズム通りに動作することから、人工知能が株の売り買いを人に代わって行っても問題ないように思われる。しかし、より多く儲けたいために、株の取引に参加する人々もさまざまな種類の株自動取引人工知能を投入することになる。多数の人工知能が株の売り買いに参加すると、想定外の現象を発生させる可能性が出てくる。それがフラッシュクラッシュと呼ばれる現象である。

フラッシュクラッシュはさまざまな要因が重なることで発生するが、最大の要因が人工知能による高速売買である。より速く状況を察知し、予測し、株の売買を行う方が有利だ。そのために高速な計算力を持つコンピュータが使用される。すると次のようなことが発生する可能性があるのだ。

ほぼすべての人工知能には、短時間での株価の下落がある水準を超えると、大量売りする行動規則が埋め込まれているとする。そして、その中のいくつかの人工知能には、それを設計したエンジニアの考えから、Ｔｗｉｔｔｅｒに「災害」や「テロ」といったネガティブなキーワードが短時間に多数書き込まれることを検知すると、株を大量売りする行動規則が書き込まれている――。

すると、ある時、人工知能が大量のネガティブな書き込みを検知し、大量売りを実行したとする。すると、それに反応していくつかの人工知能が同時に大量売りを実行する。その結果、株価が一気に下がる。そして、多くの人工知能がそれに反応してほぼ同時に大量売りを実行するという雪崩現象が発生してしまうのである。

これは先に述べた、群れることで想定外の事態が発生するしくみと同じである。蟻の群れが最短経路を発見する能力を創発したり、蛍が同期して点滅する行動を創発させることと同様の事象なのだ。個々の人工知能の動作はしっかり作り込まれても、それらが群れることで、群れ全体としての挙動として想定外の現象が創発する可能性がある。フラッシュクラッシュもその典型例の一つだ。

ただし、群れた場合に発生する現象に対する対処の仕方までを、あらかじめプログラムに書き込むことができれば、フラッシュクラッシュの発生を防ぐことは理論的には可能であろう。しかし、一つ一つの株自動取引の人工知能でさえ、複雑なアルゴリズムに従って高速に売買を繰り返す上に、そのようなさまざまなアルゴリズムに基づき動作する人工知能が集団となって、株の売り買いに参加する状況においては、もはや群れた時に起こる現象をあらかじめ予測することは極めて難しい。しかも、各人工知能のアルゴリズムは知的財産なので、どのような段取りで株の売り買いをするかの情報が公開されるわけがない。

このように、フラッシュクラッシュは瞬間的に株価を大きく変動させることから、社会に対する影響は甚大である。これが兵器であった場合を想像して欲しい。前述のように、タイプCの自動兵器も、タイプBと同様に最後のトリガーも兵器に搭載される人工知能がプログラムされた通りに引くことから、プログラムが100％の完成度であれば、兵器を運用する上層部としては安心して使用することができる。しかし、それはその兵器が単体で使用される場合に限る。通常の作戦においては複数機が導入されるであろうし、その場合は、周りのタイプC型同士との連携の仕方についてのプログラムも必要となる。そして、複数の人工知能が連携する状況においては、フラッシュクラッシュと同様の事態が発生する可能性が出てくるのだ。

さらに驚くべきことに、タイプC型も実戦投入が秒読みの段階だ。中国の国有企業である中国電子科技集団が２０１８年の５月に開催したＡＩ技術発表会で披露された、固定翼ドローンの群集飛行実験のビデオにある。

それは、１１９機ものドローンが鳥の群れのように集結したり分散しながら飛行し、攻撃目標に到達すると、２つの編隊となってそれを取り囲む動画であった。地上からの遠隔操作でもないとなると、自動型であり、かつ編隊飛行ができることからドローン同士の連携機能も備わっている、まさにタイプＣ型だと思われる。火器は搭載していないようであるが、試験段階とはいえ、ここまで開発されているとなると実戦配備間近かもしれない。

米国においても自律型致死兵器開発は進められており、すでにドローン編隊をアフガニスタンやイラクで実戦投入させたという報道がある。ただし、編隊飛行といっても前述の中国版のドローンと異なり、個々のドローン自体には人工知能は搭載されておらず、中央コンピュータによる遠隔操作とのことなので、人工知能が群れで行動したということではなさそうだ。

しかし、集団型兵器であっても、個々が遠隔操作だから安心できるわけではない。この方法では中央司令室との遠隔通信が何らかの理由で途絶える可能性もあり、安定した運用の観点で懸念がある。その点では、中国型のように個々のドローンに人工知能が搭載され、ドローン間で連携しつつ、群れで作戦を実行する形態の方が兵器システムとしては優れていると言えよう。ただし、繰り返すが、万が一、群れたことで想定外の事態が発生してしまった場合、兵器においては当然、株価の急落という被害では済まされなくなってしまう。

多数の自律性のある人工知能が群れることで創発される現象を分析したり、制御したり、意図的に創発を起こすための方法論についてはまだ基礎研究段階である。ただ米国を始めとして、中国型ドローンの実戦配備はタイプC型兵器の開発を加速させることは確実であり、そのためにも国際的な協調の下、このような集団型兵器システムの研究開発は即刻中止すべきであろう。どれだけの危険をはらんでいるかすら、我々は理解できていない。そして、自動型の次に登場するであろう兵器が、以下に説明する自律型である。

タイプD：自律型兵器

SF映画『ターミネーター』に登場する、アーノルド・シュワルツェネッガーが扮するT－800型アンドロイドこそが、自律型人工知能を搭載した自律型致死兵器である。もちろん、まだそのような兵器は存在してはいない。自律型兵器もプログラムされた通りに動作する、という意味ではタイプCまでと同じであるが、プログラムの中身が全く異なる。

タイプCまでは、兵器が遭遇するさまざまな状況において、あらかじめすべての想定がプログラムとして書かれているため、その兵器は自ら考える必要はない。しかし、事前に想定されていなかった状況に遭遇した場合は、どのように対応してよいかが分からず、暴走する可能性があった。

これに対して、自律型兵器では、まず兵器にメタ目的が与えられる。ターミネーターであれば、「自分達にとっての脅威である人類側のリーダー、ジョン・コナーを抹殺せよ」がメタ目的となる。すると、そのためにはどのような動作をすればよいかを考えなければならない。ターミネーターの場合は、「タイムトリップしてジョン・コナーの母親になるサラ・コナーを暗殺する」という動作を導き出し、ターミネーターはタイムトリップする、といったように。そしてターミネーターは、サラ・コナーを探し始めるのだが、ターミネーターに搭載されている人工知能にとっては、初めて遭遇する状況ばかりで、その場その場で人工知能に搭載されている知識や、カメラなどのセンサーからの情報、そして、動作することで新たに獲得した知識を駆使して巧妙にサラ・コナーに迫っていく。つまり、自律型兵器においては、兵器に与えたメタ目的を達成するために、「遭遇する状況に対してどのように動作すれば〝よい〟か自体を決め、自ら能動的に動作して問題を解決していく仕掛け」の部分がプログラムされている。もはや、人と同じレベルの臨機応変な問題解決能力を持つ人工知能が自律型なのだ。

兵器開発を推進させたい側としては、タイプBやCの開発はまだ終点ではない。繰り返すが、プログラムに従って攻撃相手を決めトリガーを引くタイプCまでの自動型兵器は、プログラムに兵器の動作のすべてが書かれていることから、兵器が自らの意志に基づいて動作することはない。しかし、これまでにも述べているように、自律型人工知能はメタ目的を持ち、メタ目的を達成するために、時々刻々と変化する状況に対して的確に具体的なサブ目的を設定し、それを達成する能力を持つ。そしてメタ目的を達成するための高い汎用性も持つ。現在はまだ実現されておらず、基礎研究レベルではあるが、各国で精力的に研究されている。

兵器に限らず、現在の人工知能の開発レベルはタイプCまでであるが、世間一般が想像する人工知能というと、どうしてもこのタイプDとなってしまい、ここに研究開発の現場と社会との認識のずれが生じ、さらにはタイプDの想像が暴走して「人工知能に職を奪われる」とか「人工知能に支配される」といった過度な考えが生まれる。もちろん、これまでも、工業用ロボットの導入により組み立て工場での作業員が削減されるなど、新技術の登場による効率化のために、人を機械に替えることは常時発生してきた。同時に、新たな技術の登場は新たな仕事を生み、人はそれに適応してきたのである。現在のタイプBやC型の人工知能には自らの意志で動く能力はなく、あくまで「人が人工知能を使って人から職を奪う」のであり、人工知能が職を奪うわけではない。

タイプD型の兵器は、自らの意志に基づいた臨機応変な攻撃が可能となることから、導入は論外であるが、一方、使いたい側からすれば、打開が困難な状況での投入においては極めて魅力のある兵器ということになるのも事実であろう。そして、タイプBに対して、タイプB型にお互いの連携機能を持たせた集団型兵器であるタイプCが存在することと同じく、自律型人工知能を搭載するタイプD型にお互いの連携機能を付加し、自律型人工知能を搭載した複数兵器による軍隊こそが、自律型致死兵器の最終的な形となる。以下、これをタイプEと呼ぶことにしよう。

タイプE：集団自律型兵器

タイプD型の人工知能が群れた場合、計画通りに動作するのであれば、それはもはや、映画『ターミネーター』における、人工知能システム「スカイネットシステム」そのものであり、強力な軍隊ということになると思うが、これは、群れることで想定外の事態が発生した場合の悪影響も極めて甚大なものになる可能性がある。しかし、このように書くと、タイプD、ましてやEの兵器開発だけでなく、そのような人工知能そのものの研究開発をやめるべきであろう、と考える読者もおられるかもしれない。だが、前述したように、そもそもタイプD、Eは積極的に平和利用すべきであり、超高齢社会を迎えた日本において、高齢者の介護、農業などでの人との共同作業だけでなく、あらゆる日常生活に浸透し、我々と共生できる人工知能はタイプDやE型である自律型である。よって、いかに悪用されないようにするかの議論が重要であり、利活用ガイドラインの策定、そして、何より我々人のモラル教育が重要だ。

国際的な現状

以上、いくつかのタイプに分けて人工知能の兵器への組み込みについて述べてきた。現在において自律型致死兵器開発を行っている国は、これまでに紹介した、イスラエル、ロシア、中国、米国、フランス、韓国を加えた計6カ国とされているが、7番目以降の国がひそかに存在していても不思議はない。

フランスでは、人工知能を軍事活用するための研究機関である「国防イノベーション庁」を2018年に設立させており、画像自動認識や軍事ロボットの自動運転、サイバーセキュリティや予測技術などを研究するとしている。ただし、最終的な攻撃の判断は人が行い、タイプB型のような人工知能が自動的にトリガーを引く兵器開発はしないとしている。

韓国においても、2018年にKAIST（Korea Advanced Institute of Science and Technology：韓国科学技術院）と同国の防衛関連大手企業であるハンファシステムとが、「国防人工知能融合研究センター」を設立し、人工知能の活用による国防に関する研究を推進すると発表している。その際、研究対象は意思決定システムや、自動運転、無人航法システムや画像認識技術などとされ、自律性に重きを置いているように見える。

では、日本としてはどのように対応すべきなのであろうか？　もちろん日本の軍事戦略は専守防衛であり、人工知能の活用としては、例えば対人地雷撤去用のロボット開発が進められている。多脚ロボットや、無限軌道式の自走式ロボット、また、地雷探知用の無人小型ヘリコプターや、地雷処理車両の無人運用などが視野に入れられている。このような分野では、英国やイスラエル、ドイツなどでもすでに爆弾処理ロボットなどが開発されている。

判断が難しいのは、防衛のための攻撃手段としての人工知能の活用は認められるのか、ということであろう。

最後に人がトリガーを引くタイプAの兵器はすでに日本でも導入されている。間違いなくタイプB以降の人工知能搭載型兵器で攻撃された場合、タイプAで対抗するのは難しいであろう。人と人工知能では判断スピードから情報処理能力まで圧倒的に人工知能が勝るし、そもそもプログラム通りに動作する人工知能が同情して見逃してくれるようなことはない。では、日本も防衛のためにタイプBやC、それこそタイプDの自律型人工知能搭載兵器を開発すべきなのであろうか？　タイプEの人工知能で攻めてくることが想定されるなら、同じタイプEの開発をすべきなのであろうか？

まず必要なのは、国民的な議論だ。わが国は防衛問題となると議論を避ける傾向にあるように見える。しかし、単に日本を守るという観点でなく、平和であることを基盤とする日本だからこその国際的な貢献ができるはずだ。そのためにも人工知能の研究開発能力において最先端のレベルを持ち、平和のために率先して活用しなければならない。

これは人工知能に限定されたことではなく、国土面積が小さく資源にも乏しい日本は、量ではなく質で勝るしかない。日本は科学技術立国を自負してきたが、それは20世紀での話であり、21世紀になると研究開発力はどんどん低下しつつあるのが現状だ。超少子高齢化といった構造的な問題や、目先の成果に重きを置くことが、10年、20年後に成果が出るような基礎研究を軽んじることになってしまっていることも原因であろう。

AI兵器攻撃における新しいルール

朝日新聞の報道（2019年8月19日）によると、スイス・ジュネーブで開かれる国際会議において、人工知能を搭載するロボット兵器について、「兵器自らが標的を選んで殺傷の実行を判断することは認められない」とする指針案が正式に採択される見通しになったとのことである。前述した、「人がトリガーを引くタイプAの開発にとどめておこう」という著者の主張に近いようだ。人工知能がトリガーを引くタイプB型兵器開発には踏み込まないという方針は喜ばしく、国連安全保障理事会の常任理事国や日本など主要国はいずれも同意する見込みで、人工知能搭載兵器の開発における、事実上の国際基本ルールとなりそうである。

朗報ではあるが、これにはいくつかの問題がある。この原稿を執筆している時点では、明らかになっていない部分もあるが、以下に記してみよう。

第一に、指針案そのものが瓦解する可能性がある。国際会議に日本政府代表団として参加する拓殖大の佐藤丙午教授は、一部の先進国のみが運用指針を満たす人工知能兵器を実現すれば、技術を持たない国々との格差が生まれる。そうすると、人工知能搭載兵器そのものの禁止を訴える動きに発展しうると指摘している。各国の事情はまちまちなため、話し合いは袋小路に入り、ルールが成立しない可能性がある。慎重に議論を進める必要があろう。

第二に、指針案には法的拘束力がないことが挙げられる。今回のルールにおいては、イスラエルの「ハーピー」やロシアの「サラートニク」のような、兵器自体がトリガーを引くタイプB型の兵器開発の中止が必要となる。しかし、現時点では、法的拘束力がなく各国が同意しやすい指針にとどまる。こうした「抜け道」を通り、水面下でタイプB型の開発を進める国が出てくることが考えられる。

第三に、「人道的」の解釈の難しさがある。朝日新聞の報道によれば、人権団体は「人工知能は判断を誤る可能性があり、人工知能ロボ兵器そのものを禁止すべきだ」と反発しているとのことだ。しかし、これは表層的な主張だろう。なぜなら、人工知能が人よりもはるかに高い精度で判断できるレベルになることを想定していないからだ。

例として、国際紛争における「人道的」な介入を挙げてみよう。これにおいては、人による兵器の誤った操作によって誤爆が生じ、一般市民が犠牲になる悲劇が発生している。だが、人工知能搭載兵器の精度が高まり、誤爆リスクが限りなくゼロになる可能性もある。そうなると、果たしてどちらが「人道的」なのか？　という難しい問いが生じる。

現に、医療行為において、ロボット手術は、人間よりも成功率が高いケースも見られる。同じことは、人工知能搭載兵器にも言える。誤爆のリスクが、人による操作よりも低くなる可能性は十分にある。それでも、人工知能搭載兵器を投入しないのだろうか？　ルール採択以前の本末転倒な議論になり、混迷を深めかねない。

日本はどう対応すべきか

このような状況において、日本はどのような貢献を行えばよいのだろうか？

筆者は、日本が持つ科学技術の「平和利用」の重要性を率先して各国に説得し、国際協調を図ることにあると考えている。日本は諸外国と比較すると、産学ともにテクノロジーの開発研究において、「平和」への意識と、一線を越えてはいけないというコンセンサスの明確を、それぞれ強く持っていることを筆者は強く実感する。これまでの知見の蓄積を生かし、人工知能の平和利用のイニシアチブをとっていくことは十分に可能だろう。

加えて、日本は外交面において、比較的中立的な立ち位置を保っている。こうした立場が、今回のＡＩ兵器の指針案における国際基本ルールを作るに当たって、各国の調整役を担うことが期待できる。

ただ、技術における貢献は、まだまだ遠い話だ。人工知能分野における日本の研究開発力は周回遅れである。今回の国際ルール制定を契機に、一層の開発力向上を目指し、政府・企業・教育機関が連係を取りつつ、遅れを取り戻す努力が必要だろう。

そして、先進国の中で超超高齢化社会を最初に迎える日本社会が、人工知能とどのようにうまく付き合えるかを国際社会が注目している中、人工知能の平和利用が可能な国として、グローバルに認知されるよう尽力すべきだ。

第6章

人間社会は人工知能とどう向き合うべきか

求められるのは人間力

ここまで、30年近く人工知能研究に携わってきた筆者が、現在の人工知能ブームについて、そして人工知能研究の実態、今後の展開、そして現在特に注目されている人工知能の兵器への利用の観点から、思うところを述べてきた。

「人工知能は人を殺すのであろうか?」に対する、筆者の答えは、当面の人工知能のレベルにおいては「NO」である。人が人工知能を使って人を殺すのである。従来のIT技術が組み込まれた兵器と同じである。前述したが、分かりやすい例が、「車は人を殺すのか?」である。この質問だと、ほとんどの読者もNOと答えるのではないだろうか? 人が車を運転していて人をひいてしまうのである。もちろん、ここでの車は自動運転車ではない。そして、自動運転車にしても、自動であって自律ではなく、自動運転車が事故を起こした際は製造メーカーに責任が生じる。車自体が自らの意志で人を殺すといったレベルの人工知能の実現はまだまだ先だ。現在の人工知能はこれまでのIT技術と同じく「道具」であるということを忘れてはいけない。ただし、人工知能は、今後、原子力並みに強力なメリットとデメリットの両方を持つ道具に進化する可能性を持っている。

そのために、作る側と利用する側の双方に対するガイドラインの作成および道徳教育が特に必要だ。人工知能と同じく悪用された場合の被害が甚大な原子力技術や遺伝子技術などは、高い専門的知識はもちろんであるが、研究開発を行うために専用の研究施設を必要とする。しかし、人工知能はIT技術であり、プログラミングが主たる開発手段であることから、専門知識は必要とはいえ、特別な研究施設を必要としないため、研究開発の閾値が低い。もしかすると、天才小学生が出現して想像を絶する人工知能プログラムを作ってしまうかもしれない。しかし、小学生は社会性や人格形成において未熟な年齢の段階にある。なので、特に初等教育における道徳教育が重要だ。ただし、教室で道徳の教科書を使っての教育という狭い意味ではない。

筆者も有り難いことに度々いろいろな方々を対象とした講演をさせていただくが、小中学校の先生方や生徒、父母を前にしての人工知能に関する講演をさせていただく機会もある。そのような場合、必ず質問をいただくのが、「今後どのような勉強をすればよいのか?」「プログラムの勉強は重要か?」「どうやったら人工知能に負けないようになれるか?」などである。

筆者は小学生に対しては「外に行って遊ぼう!」と答える。現実には難しいが、「野原で虫や植物を触ったり、泥遊びしたり、友達と野球やサッカー、時には喧嘩もするであろうし、とにかく五感を最大限にフル活用させることだ。そして、いろいろなことに興味を持ち、疑問を持ち、本を読み、人と話し、楽しいや悲しいなど豊かな感性を身につけ、共感力を育むことが重要だ」と答えている。あまりに普通過ぎる回答だと思われるかもしれない。とにもかくにも「人間力」を高めるべきだ。なぜなら、これこそが人工知能にとって最も苦手とする能力だからである。

電卓に向かう我々

人工知能の起源は電卓だ。正確さとスピード、そして延々と継続できることが長所である。それに対して、人は正確さとスピードに欠け、同じことを繰り返し続けることも苦手だ。しかし、豊かな感性を持ち、自分が置かれた状況においてどのように対処すべきかを、五感からの情報と過去の経験から、時には瞬時に、時にはじっくり考えて対応でき、初めて経験する状況に対しても、破綻しないようになんとか乗り切ろうとする。そこには行動することの源泉である意志が存在する。もちろん、1人では無理な課題も、仲間とであれば達成できるかもしれない。人は社会性のある生き物であり、高度なマルチエージェントシステムである。協調メカニズムのレベルも極めて高いが、人工知能研究でのマルチエージェントはまだまだ人レベルにはほど遠い。共感や、以心伝心、気配り、あうんの呼吸など、人はさまざまな協調のための能力を持っている。これらすべてが、現在の人工知能はまだ苦手としているし、そのような能力についての研究開発はこれからの段階である。

つまり、本来、人と人工知能はその能力の性質に明確な違いがあり、お互い不可侵な関係にあるはずが、筆者には、どうも人が人工知能にあえて近づこうとしているように見えるのである。

小中高での数学（算数）を思い出して欲しい。テストの冒頭では、数学であれば方程式を解けとか、因数分解せよ、とか、算数であれば、次の分数の計算をしなさい、など計算力を試す問題から始まり、最後の方になると文章問題となる。文章問題は、問題文を読み、そこから何が問われているのかを理解し、それを数式にして解く。その際、問題文から導き出される数式は、テスト冒頭での計算力を問われる問題での数式ほど難しいものにはならず、文章問題では、文章を読んで数式に落とし込む力が試されている。

もちろん、早く正確に計算できることに越したことはないが、所詮は人の計算スピードなど、コンピュータにくらべれば圧倒的に遅く、計算するならコンピュータを使うべきであろう。ただし、文章問題となると話は逆で、まだまだ人が勝る。いわゆる読解力は現在の人工知能は苦手である。仕事において、研究において、何か課題に突き当たった時、いかに客観的にさまざまな角度から観察し、状況を取りまとめ、問題点を明確にしていけるかが重要なのだ。研究においても、具体的な研究テーマが決まり、どのような方針で研究を遂行するかが決まった段階で、その研究自体、8割は終わったと思ってよい。現場において何か問題があった場合は、それを解決するために、いったい何が解くべき本質的な問題なのかを読み解く段階こそが最も面白い。解くべき問題が明確になれば、それが具体的な研究テーマとなる。もちろん、それを解決する研究自体も十分に面白いが、現場に埋もれる問題を掘り起こす段階が最も難しく、やりがいのある仕事だ。

また、歴史科目のテストの場合は暗記が中心である。筆者の場合、学生時代に「○○年に□□が起こった」をひたすら覚えさせられた。暗記ができてテストの成績がよければそれはそれで嬉しいわけだが、暗記すること自体に意味はあるのだろうか？　もちろん、我々は経験して学習し、それにより予測し推論して生きている。そのためには記憶が重要であることは当然だが、歴史を学ぶ上での暗記は、暗記することよりも、過去にどのような背景で何が起こり、その結果、どのように変わったのか、といった過去の事実列挙から、当時の社会的な背景や生活、物の考え方などを読み解く力の方こそ意味がある。歴史についての講義や講演でも、単に事実列挙として聞かされるより、事実と事実の行間を埋め、一連の物語として解説される方がとても面白く感じる。事実、最近の小中高での歴史教育はそのような方向に変わりつつあるようだ。

現在の学校教育も変わりつつあることは認識しているが、計算力・記憶力重視という傾向は依然として感じられ、それは本来の人ならではの能力ではなく、コンピュータ、即ちコンピュータ上で動作する人工知能の得意分野だ。人が人工知能に近づいても勝ち目はなく、よって、人を人工知能の領域に近づけようとする教育は極論を言えば無意味であろう。人工知能が職業を奪うという懸念においても、機械的・定型的かつ単純な作業などは当然ながら人工知能に置き換えた方が圧倒的に効率的ということになる。それは便利な技術が登場したことで、それまでの非効率なやり方に置き換えられるという、これまで無数に起きてきたことと同じことであり、人工知能に限った問題ではない。

AIに近づこうとする人間

本来、人の長所は、点と点を繋ぎ、ネットワークとして理解する能力を持っていることであり、現在の人工知能が苦手とする能力である。いわゆる場の空気を読む能力も、その場所、そこにいる人々、そこでの自分の役割、雰囲気などのさまざまな要因が複雑に絡み合う状況を、要因同士のネットワークのようなものとして捉えることで整理し、その場のその時々において適切な振る舞いをリアルタイムに選択できる能力のことである。現在の人工知能での実現はまだ難しい。

しかし、人間は人工知能に近づこうとし、点のみを見て、点と点を繋ぐ本来の能力が低下しつつあるように見える。それはこれまでの教育による要因もないとは言えないと思うが、それよりも、我々の世界に浸透したインターネット、そしてインターネット上に登場したSNSや通信アプリといった、我々が生きる物理世界と今や同程度に重要なネット世界の登場が大きく影響しているように思えてならない。

例えば、何か分からないことがあると、本来は、いろいろ調べたりせねばならない。いきなり答えが見つかるわけではないからだ。けれども、今はネットで検索すればすぐに答えが見つかる。ピンポイントの質問にピンポイントで答えが分かれば、そこから興味が派生することもない。点のままである。そして、また何か知りたいことがあれば、検索して答えが見つかり、それで満足してしまう。点が増えることで知識の量は効率的に増加するが、点と点が勝手に繋がることはない。文脈とは点と点との繋がりであり、繋げることで知識を体系化し、知識をより深みのあるものとする。

しかし、我々は繋ぐことをしなくなりつつある。いや、繋ぐ余裕がなくなりつつあるのだ。ネット空間からもたらされる情報量は指数関数的に増大するのに、我々の情報処理能力には限界がある。熟考して知識の体系化などを行っている余裕はなく、情報に対して反射的に反応することがどんどん要求されるようになっている。例えば、相手からのメッセージを読む。既読となったことが、相手にすぐに分かる。返事が遅いと何か疑われる。考えて整理して答える時間すらない。これでは、多様な情報をネットワークとして捉えてバランスよく判断する本来の人の能力を発揮することなどできない。そして、繋ぐ能力の低下は、人が持つ発想力、新しいことを生み出す能力も低下させることになってしまう。

創造とイノベーション

ここで、創造とイノベーションという2つの単語について考えてみよう。創造とは、「新しいものを初めて作り出すこと」であり、イノベーションとは、「新規軸や革新」という意味である。創造はゼロからモノやコトを生み出すわけだが、イノベーションは、新たな軸や革新ということであるから、すでに何らかの軸や革新させるモノやコトが存在している必要がある。

図13をご覧いただきたい。個々の点はこれまで人が創造したモノ・コトであるとする。「○○な性質を持つ○○物質を発見した」とか、「○○の問題に対する最適な解を求める方法を考案した」といった類いであり、何もなかったところに新たに点を生み出す作業が創造である。アインシュタインが考えた相対性理論も、新たに生み出された点の一つだ。このような、創造力により生み出された「点」は我々に多大な恩恵をもたらす。これに対して、イノベーションとは「点と点を繋いで創発を起こすことで新たなモノ・コトを生み出す作業である」と筆者は捉えている。イノベーションにより生み出された新たな価値感などが、新たな創造としての点を生み出すこともあるだろうし、さらに別の点と結びついて新たなイノベーションを起こすこともあるだろう。

世の中にはイノベータと呼ばれる人々がいる。彼らはどこが優れているのであろうか？容易に想像されるのが、各自の頭の中にあるアイデアの素である点の数である。繋いで創発を起こすには繋ぐための点が必要であり、その点の数が顕著に多いのがイノベータと呼ばれる人々ということになる。彼らは多くの点が頭の中にある、すなわち、多くのアイデ

図13　イノベーションの創発

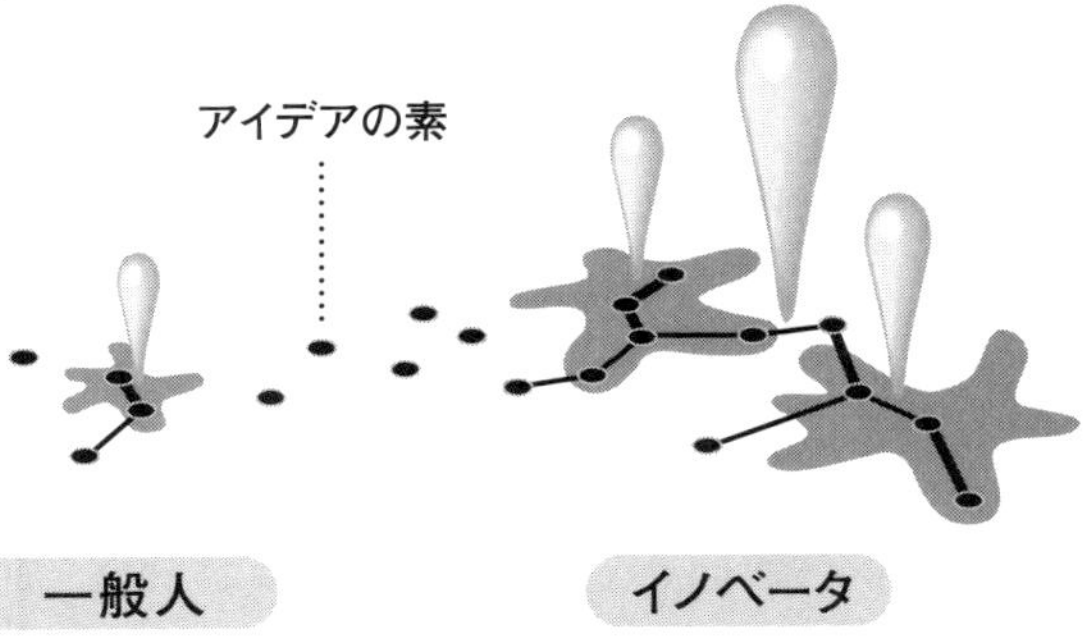

アの引き出しがあるということだ。多様なものに興味を持ち、知識に貪欲なのだろう。

そして、イノベータが新しい知識を獲得すると、その知識は単なる情報としての知識ではなく、脳の知識空間をアメーバーのように動き回り、他の知識と結びついて新しいイノベーションを起こそうとする。一見すると、変わり者に見られるのかもしれない。一方、点を生み出す創造作業においては、その点の価値がすぐに周りに理解されるとは限らない。点を生み出すことが使命の基礎研究の難しさはここにある。実際に認知され、社会に役立つまでに10年から20年かかると言われる。

これに対して、点と点を繋ぐことによる創発は、すでに社会に認知されている点同士を繋ぎ、創発を起こすことである。周囲も理解しやすいだけでなく、思考のジャンプを体験させることでもあるので、驚き、新鮮さを感じさせてくれる。そして、一度理解された創発によるアイデアは常識となり、皆がそのアイデアを活用できるようになる。

平和のためのイノベーションを起こせるか?

話題を兵器に戻すと、自律型致死兵器禁止の国際的な動き、そして日本の対応はどのような方向に向かうのであろうか? 繰り返すが、筆者としては、タイプA型の、最後のトリガーは人が引くレベルで止めておくべきだと考える。前述したように、国際的なルールもそのように進んでいる。しかし、楽観は禁物だ。現実にはイスラエルの無人攻撃機「ハーピー」とロシアの「サラートニク」がすでに存在し、中国においてはタイプC型の集団自動型兵器の開発が進んでいる。

兵器利用は論外であるが、人工知能研究開発は今後、自動から自律に移っていく。国民の3人に1人が65歳以上になると推計される2025年問題など、超少子高齢化社会の到来が迫る日本では特に必要である。社会に進出し、我々と共生できる高い汎用性を持つ人工知能、自ら意志を持って自発的に我々と共に日常生活を送り、我々のサポートをしてくれる存在は極めて利便性が高い。

ただし、強い力を持つ技術は悪用された時のリスクも大きい。それゆえに、利活用ガイドライン、場合によっては法制度改革、そして何より、我々の人間力の向上が重要となる。研究開発においては、与えられたメタ目的を自ら書き換えることができる人工知能の実現において、社会実装の段階までは行わない、といった具体的な制約も必要になるかもしれない。

これまでの科学技術は、「作ってみないと分からない」、という精神で突き進むことで進化してきたのも正直なところであり、入念に用心しつつ基礎的な研究は必要である、というのが筆者の考えである。そのための1つの可能性としての特区、しかも、種子島くらいの大規模なスケールで島ごと特区にしてしまうといった政策はいかがだろうか。大規模な人工知能の箱庭であり、映画『ジュラシック・パーク』の人工知能版である。島では自動運転車、ロボット、ドローンなど規制なしで実験することが可能だ。もちろん、そこに住む住民の安全を確保することは大前提であるが、特区とする代わりに補助金も投入する。実社会に投入するための本格的な実験をするには、小さな実験室では不十分であり、十分に大きな環境での徹底した実験が有用であり、これくらいの思い切った政策が必要であろう。

今回の第三次人工知能ブームにおいては、期待の高さに加えて、そのリスクを指摘する声も多く聞かれる。繰り返すが、これは、現状の人工知能と想像される人工知能とのギャップが原因である。人工知能は人が生み出すモノであり、人工知能が我々の知らぬ場所で勝手に生まれるわけではない。作るのも使うのも人であり、つまり、リスクは我々人間にあるのである。

人間は進化しているか？

では、我々人間は人工知能のように進化しているのであろうか？　もちろん、生物的な意味での進化としてはほぼゼロであろうが、急激な科学技術の進化は我々にどのような影響を及ぼしているのだろうか？　その問いに対する筆者の答えは、「人間は科学技術の進展とは逆に、退化しているのではないか」である。現代は不寛容社会などと呼ばれ、共感力も低下しているように見える。情報過多の状況から、じっくり考えて行動する余裕がなくなってきていることは前述した通りである。刑法犯罪や凶悪事件が発生する件数自体は減少傾向にあるものの、常軌を逸する事件が目立つ。どうも、我々人間社会のモラルが壊れ始めているのかもしれない。もしかすると、将来は人工知能に道徳教育をされる時代が来るのかもしれない。人を救えるのは人ではなく、人工知能なのかもしれない。人はそう簡単には変わることはできないが、人工知能は人が作るものであり、いかようにも作り込むことができるからだ。

主役は知能

「知能」という曖昧な定義を持つモノを人工的に作る、という研究分野の名称として、「人工知能」という言葉が1956年のダートマス会議で登場した時から、現在の混沌とした状況が起こることは想定されていた。そして、三度目のブームを迎えた今回は、人工知能技術が加速度的に進化しつつあり、今後自律性や汎用性にまでさらにそのレベルを向上させようとしている。

我々の祖先は、親指でモノを摑める手の構造や、二足歩行に伴う大容量の脳などを進化により獲得したことで、知能が加速度的に高められ、スタンリー・キューブリックの名作であるSF映画『2001年宇宙の旅』の冒頭のように、猿が骨を持ち、道具を使うことを学習し、そして、その骨が宇宙船に変わる有名なシーンのように、生物的な進化に比べて圧倒的に早い速度で我々は科学技術を進化させてきた。

見方を変えると、主役は我々人ではなく知能なのではないか、とも思えてくる。神戸大学名誉教授で宇宙物理学者である松田卓也先生の著書『人類を超えるＡＩは日本から生まれる』（廣済堂出版）によれば、人工知能についての考え方で「宇宙派」と「地球派」という2つの考え方があるのだそうだ。

「人工知能は人のための技術である」という考え方が地球派である。これに対して、宇宙派は主役を「人」ではなく「知能」と考える。そして、知能の目的は自身の知能レベルの向上である。つまり、地球上に生物が誕生した時から知能レベルの向上が始まり、恐竜時代にも格段に向上したであろう。そして、現在は人類が登場して知能レベルが急激に向上し始めた段階なのである。しかし、人類が高められる知能のレベルはそろそろ限界というタイミングで、人類が作り出した人工知能により、そして、今後、人を超える人工知能の登場により知能レベルは指数関数的に向上していく。

人類は知能という主役がその知的レベルを向上させる、ある一時代を担ったという見方だ。まさに宇宙的スケールであるが、安易に宇宙派的な考え方を否定することもできないだろう。

自律型人工知能であっても、与えられたメタ目的に淡々と従うレベルを超えなければ、人と共生する、人があっての人工知能という、地球派的な人工知能が維持される。しかし、自らのメタ目的を変化させ、その能力がさらに進化し、人を超える存在となっていくとしたら、それは宇宙派としての人工知能になっているということなのであろう。人工知能の研究開発に携わる筆者も、自分が存在する世界をよりよくしたいことが目的であり、地球派としての人工知能の実現を目指しているわけであるが、一方、生物のように自ら進化するような人工知能、人を超える人工知能の基本原理、そして、究極には宇宙派としての知能を実現しうるような人工知能の実現、そして知能というものがどこまで進化するのかを見てみたいという純粋な興味もある。

進化は何億年というスケールで進行するダイナミクスであるが、我々人が生み出した科学技術は年単位という早いスケールで進行する。もはや科学技術と共に生きることを選択した我々人類は生物としての進化の流れから脱却しつつあるのだ。そして、今後登場するであろう、高い自律性と汎用性を持つ人工知能の登場は、新たな生命体の登場であり、それを人間社会がどのように受け入れることができるのかも、人と人工知能との共生社会の実現にとっての大きな壁となる。その時、我々日本人はそのような新たな生命体を仲間として受け入れることができるのであろうか？

ここで、簡単なアンケートをしてみたい。

図14を見て、図の下に描かれたヒマワリは、グループ1とグループ2のどちらのグループに属すると思われるであろうか？　深く考えずに直感で判断してみて欲しい。

この絵はリチャード・E・ニスベット『木を見る西洋人　森を見る東洋人』（村本由紀子〈訳〉、ダイヤモンド社）に描かれている図である。いかがであろうか？　どちらを選択した方が正解、ということではなく、モノの見方が人によって大きく異なることを実感していただく例として引用した。

興味深いことに、東洋人はグループ1に属すると答え、西洋人はグループ2に属すると答える割合が高いのだという。ちなみに、筆者もグループ1だと感じた。

なぜこのような違いが現れるのであろうか？

ニスベットによれば、東洋人は木の集合体である森を見る傾向がある。つまり、全体を包括的に見るということである。下の、葉が付いたヒマワリは丸みのある花びらが印象的で、グループ1に描かれたヒマワリは3つが丸みのある花びらと葉も付いている。よって、ターゲットは全体的な印象としてグループ1に属すると感じるのだ。

図14　ヒマワリの見方

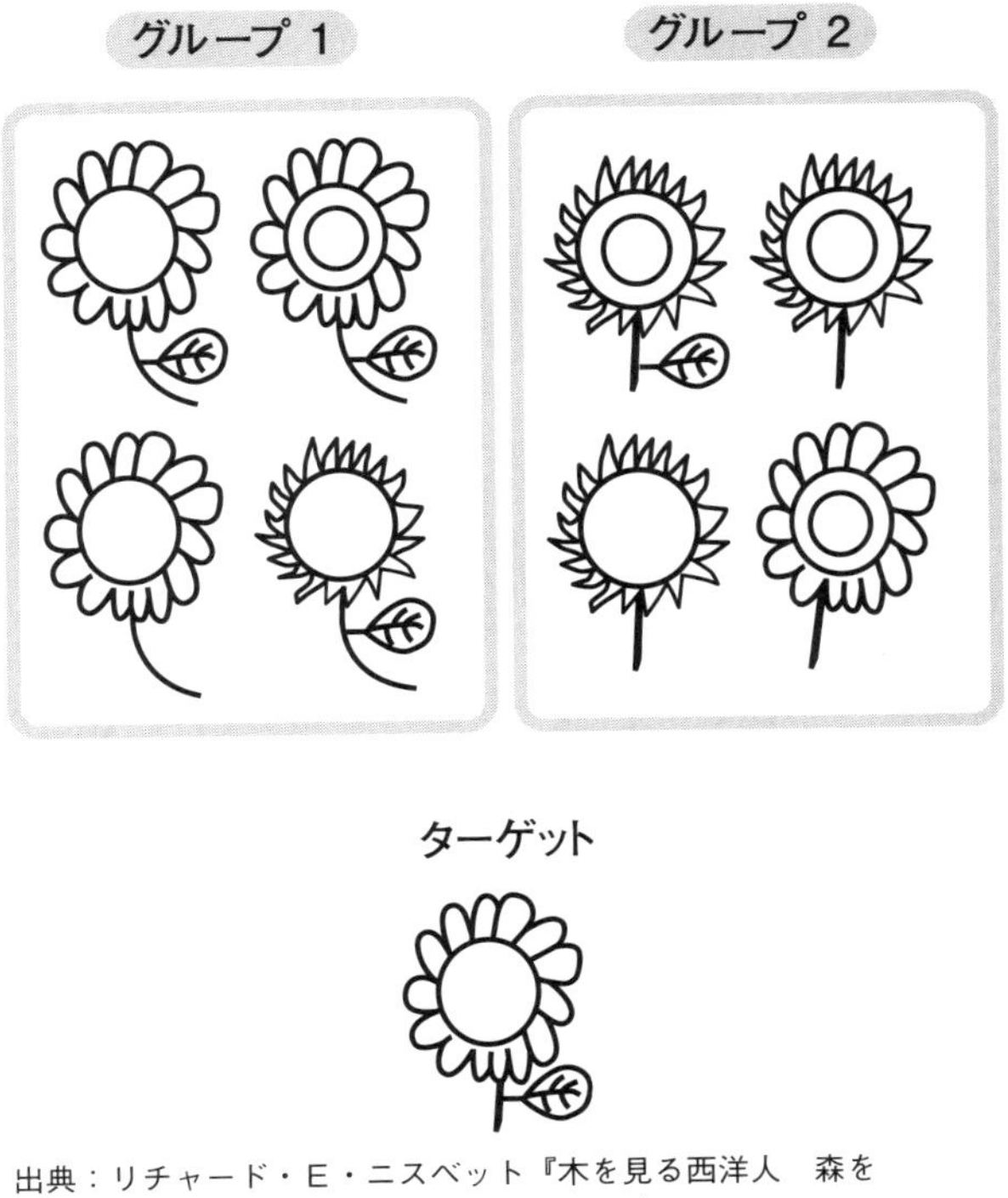

出典：リチャード・E・ニスベット『木を見る西洋人　森を見る東洋人』（村本 由紀子〈訳〉、ダイヤモンド社）

これに対して、西洋人は木、すなわち部分に着目する傾向が強いのだそうだ。すると、下のヒマワリの茎はまっすぐであるのに対して、グループ1のヒマワリの茎はすべてが曲がっている。これに対し、グループ2の茎はすべてまっすぐである。そして、ヒマワリの構造である、花びら、葉、茎などの基本パーツはグループ1も2もほぼ同じ。よってグループ2に属すると感じる、というのだ。そのように説明されても、筆者の、グループ1に属するという感覚は変わらず、グループ2に属するという感覚が湧き上がることはない。

東洋的感性に期待

筆者は初めてこの実験結果を知った時は大いに驚いた。また、このような見方の違いを知り、多様性の重要性を再認識した。なぜなら、いろいろなものの見方や考え方をする人が存在するからこそ、人間社会は豊かになり、発展してきたからである。この実験結果は人間の多様性を裏付けるものだろう。

そして、森を見る傾向が強い日本人のモノの見方、いわば東洋的感性が今後の人工知能研究開発において日本に有利に働く可能性があると感じた。

群れることで創発される知能として紹介した蛍の同期現象を思い出して欲しい。個々のパーツである蛍を見ていても、群れた全体として何が創発されているのかを見ることができない。東洋的な物の見方ができる日本人には、群れることで創発される知能を感覚的に理解できる感性がある。そして重要なのが、モノの見方の違いは、モノの作り方にも影響を与えるということだ。

通信技術をはじめ、情報処理に関する研究開発において、日本はずっと米国にリードを許してきた。そして、現在の人工知能の研究開発においては、米国に加え中国の勢いが凄まじく、日本は数周遅れなどと評される状況になってしまっている。しかし、それは人工知能といっても、現在の道具型の人工知能に関してのことである。

今後研究開発が加速するであろう、人と共生する汎用性の高い自律型人工知能の開発においては、システムはより大規模化、複雑化する。繰り返すが、従来のトップダウン型の設計方法での開発は難しく、生物のような群知能型に基づく構築への期待が高まる。その時こそ、東洋的感性を持つ研究者がブレークスルーを起こす可能性がある。

そして、研究開発にとどまらず、人工知能を社会の一員として受け入れる土壌についても東洋と西洋では違いがありそうだ。ステレオタイプな主張で賛否があるかと思うが、宗教的な背景も要因の一つであろう。

西洋、即ち一神教的なモノの見方では、人は神のすぐ下に位置し、他の生物はさらに人の下に位置する。よって、人を超えるような存在は、人と神との間に位置することになり、認めることはできない。結果、人工知能も人の下に位置し、基本的に道具として扱われる。これに対し、特に日本人は、宗教観が決して強くはなく、さらには八百万神《やおよろずのかみ》という多神教の世界観を持つ。面白いのは、古代ギリシアの多神教のような肉体的な特徴を持たず、石や木にも目に見えない神が宿るというのが八百万神である。つまり、東洋的感性は、いろいろなモノが群れることを自然と受け入れることができる素養があることを意味しており、新しい生命体のような人工知能が登場しても、社会の一員として結果的には受け入れてしまう感性があるように思えるのだ。

極端な言い方をすれば、西洋では、人工知能はいくら進化しても道具という立ち位置のままであるが、東洋では、人と共生する、人の相棒として社会の一員として受け入れられる可能性が高い。その時こそ「AI立国日本」という確固たる立ち位置を示すことができるのだ。楽観的と思われるかもしれないが、映画『ターミネーター』のように米国をはじめとする諸外国における人工知能がテーマの作品では、だいたいにおいて、人と機械が対立し最後は戦いになる。しかし、日本の作品はどうだろう？　タイムマシンで自在に過去未来を行き来でき、どんな道具もポケットから取り出すことができ、人のような豊かな感性を持つ超高性能人工知能が、1人の普通の小学生と日常生活を営む物語を受け入れている。米国ではなかなかない設定であろう。このような発想ができる感性こそが、日本が人工知能研究開発で一発逆転劇を起こす鍵なのだ。まだまだ前進しなければならない。

おわりに

次ページ図15は、新しい技術が生み出されてから社会に定着するまでの波の動きを可視化したガートナー社による「ハイプ・サイクル」である。簡単に説明すると、黎明期は、新技術に対する過度な期待から社会が盛り上がる時期である。そして、流行期となって盛り上がり絶頂を迎える。しかし、社会の関心は続かず流行は終焉を迎え幻滅期に向かう。筆者は、ちょうど現在の人工知能ブームはこの幻滅期に突入した時期だと認識している。

２０１７年くらいまでは過度な期待に溢れており、人工知能技術を売りとするスタートアップの起業も加速していた。それだけ投資も積極的であったということであり、いわゆるＡＩバブル状態である。しかし、２０１８年後半から２０１９年となり状況が変わりつつある。投資に見合う利益を回収する時期になったことも要因の一つであろうし、現在の人工知能の実体がＩＴ技術の延長線上であり、ターミネーターのような人の知能レベルに

図15　ハイプ・サイクル

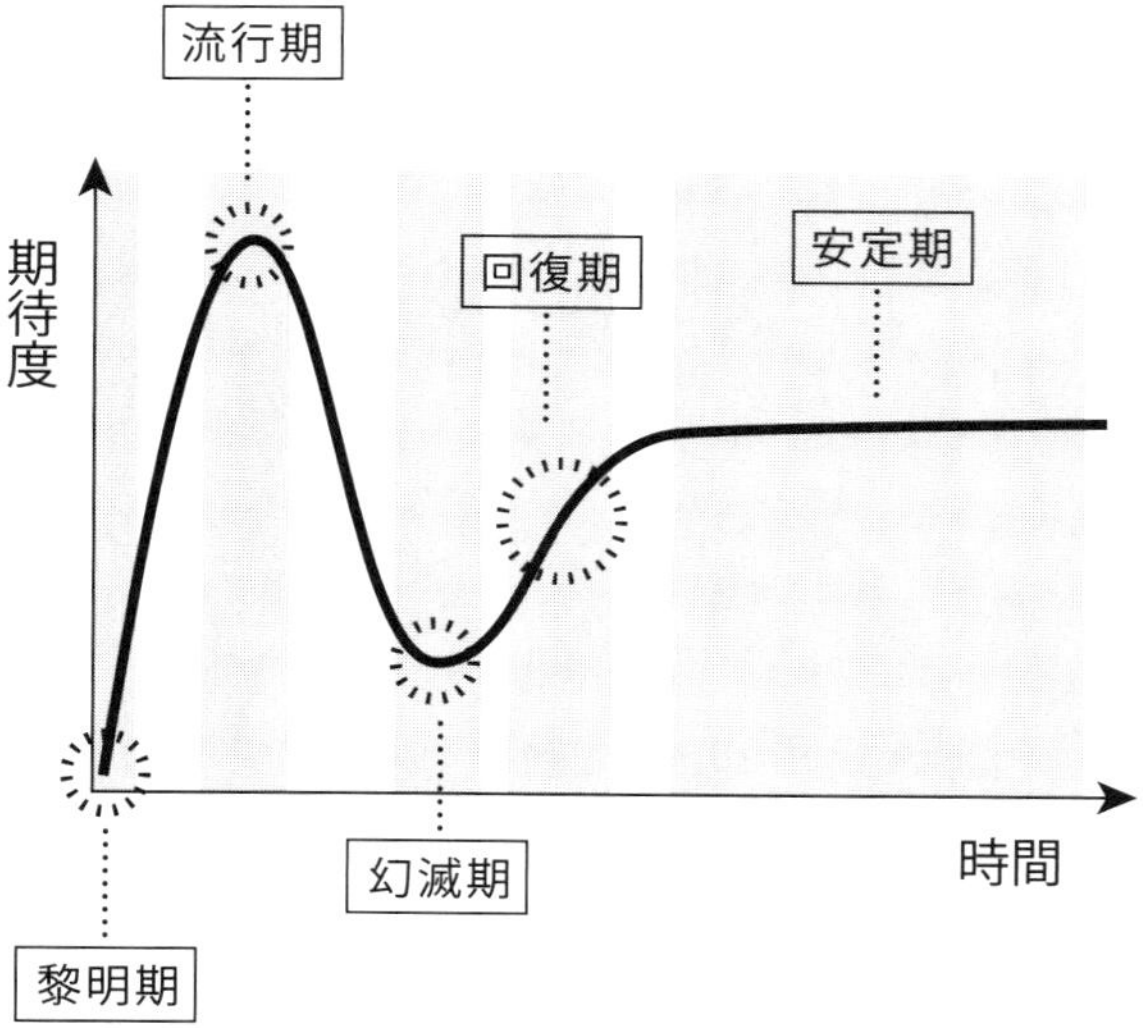

近い本来の人工知能の到来、といった大変革はまだ先であることの認識が広まりつつあり、当初の過度な期待感が失われつつあるということなのであろう。

ただし、ここでグラフのように急激に関心が薄れてしまうと、第三次人工知能ブームも、やはり過去2回と同様に冬の時代に突入した、と言われかねない。この展開が極めて危険であると筆者は感じている。2000年以前と異なり、現在のネットワーク化された社会では、ちょっとした変化がトリガーとなり大きな変化を起こしやすくなっている。人工知能という、すでに社会的に大きな関心となってしまった技術の衰退という消極的な感覚が、日本全体、ひいては世界的に蔓延することによるマイナスの効果は計り知れない。

　ましてや、人工知能技術はこれからが本来の意味での発展に向かう。始まる前に終焉というレッテルを貼られてしまっては本末転倒である。これも人工知能という言葉自体が招いたことであり自業自得ということなのかもしれない。

　いずれにせよ、到来するであろう幻滅期でのマイナス効果を最小限に抑えつつ、回復期から、さらなる発展期に移行させなければならない。そのためにも、筆者のような研究や開発に携わる側だけでなく、人工知能と向き合う一般社会が新しい技術に消極的になってはならない。

　世界は混沌さを増しつつあり、インターネットを基盤とする科学技術がその混沌さを加速させる流れは今後さらに進むことは間違いない。我々人類は翻弄されるだけの存在になってしまうのであろうか？　少なくとも、今後どれだけ情報の量と速度が加速度的に向上しても、我々人の脳における情報処理能力は、これらに対応するにはすでに限界を迎えており、お手上げの状態である。脳とインターネットを直結することで、記憶や思考の一部をコンピュータに代替させるといった「人とマシンとの融合」という研究開発も加速するであろう。実際、2019年7月に、起業家でテスラCEOのイーロン・マスクが立ち上げたネットベンチャーNeuralinkが、脳とインターネットを接続するデバイスを開発し、2020年に人間を対象とした臨床試験を行う方針を示している。しかし、最終的な判断は引き続き脳が行うとなると、脳の速度の限界はやはり問題となる。

その時こそ、これから登場する、いや、登場させなければならない、高い汎用性と自律性を持つ本来の人工知能が、混沌化する社会と我々との仲介となり、我々に安定と安心をもたらす存在となることを期待したい。また、そうなるようにしなければならない。そして、そのような人工知能は人の道具としての位置づけでは、その役を担うことはできない。人に先んじて自律的に動作できなければ人をサポートすることなどできない。その意味では人を超えた能力を持つ必要があるのだ。そしてその時、東洋的感性に基づいて作られた人工知能が人との共生に成功した、という展開となっていることを期待したい。

本書は筆者が30年近く、人工知能という研究分野で研究開発に取り組む過程で到達した考えに基づいて執筆したものであるが、独りよがりな考えではないことだけは断言できる。実に多くの人工知能研究開発に携われる先輩後輩そして同僚の研究者・開発者仲間に加え、認知科学、社会科学、脳神経科学、物理化学などの異分野研究者とのさまざまな議論や交流を通して、勉強させていただき、気づきをいただき、多くの刺激を受けた過程で到達した考えである。その意味では本書は単著ではなく、多くの同僚との共著なのである。ここに深く感謝する。

そして、今回、何時間にもわたる議論を通して本書の企画を煮詰め、筆者の分かりにくい文章に対する一字一句まで気持ちのこもったアドバイスをいただいた朝日新書編集部の大﨑俊明氏に、深く感謝する次第である。

のように「わたし」をつくり出すのか』(草思社) 2015年
リチャード・E・ニスベット (著)、村本由紀子 (翻訳)『木を見る西洋人 森を見る東洋人 思考の違いはいかにして生まれるか』(ダイヤモンド社) 2004年
「朝日新聞」2019年8月19日朝刊

ジュリオ・トノーニ、マルチェッロ・マッスィミーニ（著）、花本知子（翻訳）『意識はいつ生まれるのか――脳の謎に挑む統合情報理論』（亜紀書房）2015年
松尾　豊（著）『人工知能は人間を超えるか　ディープラーニングの先にあるもの』（角川EPUB選書）2015年
マーヴィン・ミンスキー（著）、安西祐一郎（翻訳）『心の社会』（産業図書）1990年
清水　博（著）『新版　生命と場所――創造する生命の原理』（NTT出版）1999年
エリック・ブリニョルフソン、アンドリュー・マカフィー（著）、村井章子（翻訳）『機械との競争』（日経BP社）2013年
高安秀樹、高安美佐子（著）『経済・情報・生命の臨界ゆらぎ――複雑系科学で近未来を読む』（ダイヤモンド社）2000年
松田卓也（著）『人類を超えるAIは日本から生まれる』（廣済堂新書）2015年
増田直紀、今野紀雄（著）『「複雑ネットワーク」とは何か――複雑な関係を読み解く新しいアプローチ』（講談社ブルーバックス）2006年
アントニオ・R・ダマシオ（著）、田中三彦（翻訳）『無意識の脳　自己意識の脳』（講談社）2003年
スティーヴン・ストロガッツ（著）、蔵本由紀（監修）、長尾　力（翻訳）『SYNC：なぜ自然はシンクロしたがるのか』（ハヤカワ文庫）2014年
ジェイムズ・バラット（著）、水谷　淳（翻訳）『人工知能　人類最悪にして最後の発明』（ダイヤモンド社）2015年
ポール・オームロッド（著）、北沢　格（翻訳）、塩沢由典（監修）『バタフライ・エコノミクス――複雑系で読み解く社会と経済の動き』（早川書房）2001年
ダニエル・C・デネット（著）、山口泰司（翻訳）『解明される意識』（青土社）1997年
ヒューバート・L・ドレイファス（著）、黒崎政男、村若　修（翻訳）：『コンピュータには何ができないか――哲学的人工知能批判』（産業図書）1992年
ベンジャミン・リベット（著）、下條信輔（翻訳）『マインド・タイム　脳と意識の時間』（岩波書店）2005年
アルバート・ラズロ・バラバシ（著）、青木　薫（翻訳）『新ネットワーク思考――世界のしくみを読み解く』（NHK出版）2002年
セバスチャン・スン（著）、青木　薫（翻訳）『コネクトーム：脳の配線はど

参考文献

西田豊明、溝口理一郎、長尾　真、堀　浩一、浅田　稔、松原　仁、武田英明、池上高志、山口高平、山川　宏、栗原　聡（著）、松尾　豊（編集）、人工知能学会（監修）『人工知能とは』（近代科学社）2016年

マーク・ブキャナン（著）、阪本芳久（翻訳）『複雑な世界、単純な法則　ネットワーク科学の最前線』（草思社）2005年

鳥海不二夫（著）『強いAI・弱いAI　研究者に聞く人工知能の実像』（丸善出版）2017年

アジス・アブラハム、クリナ・グローサン、ヴィトリーノ・ラモス（著）、栗原　聡、福井健一（翻訳）『群知能とデータマイニング』（東京電機大学出版局）2012年

ダンカン・ワッツ（著）、栗原　聡、福田健介、佐藤進也（翻訳）『スモールワールド――ネットワークの構造とダイナミクス』（東京電機大学出版局）2006年

平　和博『悪のAI論　あなたはここまで支配されている』（朝日新書）2019年

前野隆司（著）『脳はなぜ「心」を作ったのか　「私」の謎を解く受動意識仮説』（ちくま文庫）2010年

栗原　聡、長井隆行、小泉憲裕、内海彰、坂本真樹、久野美和子（著）、AIX（人工知能先端研究センター）（監修）『人工知能と社会：2025年の未来予想』（オーム社）2018年

江間有沙（著）『AI社会の歩き方――人工知能とどう付き合うか』（DOJIN選書）2019年

蔵本由紀（著）『非線形科学　同期する世界』（集英社新書）2014年

河　鐘基（著）『AI・ロボット開発、これが日本の勝利の法則』（扶桑社新書）2017年

山本龍彦（著）『おそろしいビッグデータ　超類型化AI社会のリスク』（朝日新書）2017年

津田大介（著）『情報戦争を生き抜く――武器としてのメディアリテラシー――』（朝日新書）2018年

エリック・ブリニョルフソン、アンドリュー・マカフィー（著）、村井章子（翻訳）『ザ・セカンド・マシン・エイジ』（日経BP社）2015年

レイ・カーツワイル（著）、井上　健、小野木明恵、野中香方子、福田　実（翻訳）、井上　健（監訳）『ポスト・ヒューマン誕生　コンピュータが人類の知性を超えるとき』（NHK出版）2007年

栗原　聡 くりはら・さとし
慶應義塾大学大学院理工学研究科修了。NTT基礎研究所、大阪大学産業科学研究所、電気通信大学大学院情報理工学研究科などを経て、2018年から慶應義塾大学理工学部教授。博士(工学)。電気通信大学人工知能先端研究センター特任教授、大阪大学産業科学研究所招聘教授、人工知能学会倫理委員会アドバイザーなどを兼任。人工知能学会理事・編集長などを歴任。人工知能、ネットワーク科学等の研究に従事。著書・翻訳など多数。

朝日新書
731

AI兵器《へいき》と未来社会《みらいしゃかい》

キラーロボットの正体

2019年 9 月30日 第 1 刷発行

著　者　栗原　聡

発行者　三宮博信
カバーデザイン　アンスガー・フォルマー　田嶋佳子
印刷所　凸版印刷株式会社
発行所　朝日新聞出版
〒104-8011　東京都中央区築地 5-3-2
電話　03-5541-8832（編集）
03-5540-7793（販売）

Published in Japan by Asahi Shimbun Publications Inc.
ISBN 978-4-02-295021-5
定価はカバーに表示してあります。

落丁・乱丁の場合は弊社業務部(電話03-5540-7800)へご連絡ください。
送料弊社負担にてお取り替えいたします。

新・リーダーのための教養講義
インプットとアウトプットの技法

同志社大学新島塾
佐藤 優

新たな価値を生む発想のベースになるのが文理融合の統合知だ。膨大な情報をどう理解し、整理し、最適解を見つけるか。歴史、外交、ゲノム編集、AIなどをテーマに教養、説明力、ディベート力をつけるエッセンスが満載。集中合宿による白熱講義が一冊に。

AI兵器と未来社会
キラーロボットの正体

栗原 聡

AIが人を殺せる日が、すぐそこまで来ている。人間の判断を必要とせずに攻撃できる自律型致死兵器「キラーロボット」の現状を紹介し、生命と知能の水脈をたどり、科学技術のあるべき姿を探る。SF映画が現実となる近未来社会に警鐘を鳴らす、必読の書！

潜入中国
厳戒現場に迫った特派員の2000日

峯村健司

超大国アメリカの背中を追う中国。世界2位の経済力を軍事費につぎ込み、急速な近代化を進める足元では何が起きていたのか。31の省、自治区、直轄市のほぼすべてに足を運び、空母島、北朝鮮国境などに潜入。中国当局に拘束されながらも現場を追った迫真ルポ。

銀行ゼロ時代

高橋克英

「GAFA」の進出で、日本の銀行はトドメを刺される。キャッシュレス化やフィンテックの普及、銀行業務のスマホ化で、既存の銀行は全滅の可能性も。銀行員はどうなるか、現実的な生き残り策はあるのか、豊富な実務経験をもとに金融コンサルタントが詳述。